Cómo hablar
con un conservador

Cómo hablar
con un conservador

Un ensayo sobre las diferencias
entre liberalismo y conservadurismo

GLORIA ÁLVAREZ

Ariel

Obra editada en colaboración con Editorial Planeta – España

Diseño de portada: © Sylvia Sans Bassat
Fotografía de la autora: © Isabel Moino

© 2019, Gloria Álvarez Cross

© 2019, Centro de Libros PAPF, SLU. – Barcelona, España

Derechos reservados

© 2019, Ediciones Culturales Paidós, S.A. de C.V.
Bajo el sello editorial ARIEL M.R.
Avenida Presidente Masarik núm. 111, Piso 2
Colonia Polanco V Sección
Delegación Miguel Hidalgo
C.P. 11560, Ciudad de México
www.planetadelibros.com.mx
www.paidos.com.mx

Primera edición impresa en España: mayo de 2019
ISBN: 978-84-234-3049-9

Primera edición en formato epub en México: junio de 2019
ISBN: 978-607-747-713-6

Primera edición impresa en México: junio de 2019
ISBN: 978-607-747-717-4

Impreso en los talleres de EDAMSA Impresiones, S.A. de C.V.
Av. Hidalgo núm. 111, Col. San Nicolás Tolentino, Ciudad de México
Impreso en México – Printed in Mexico

Sumario

A todos los liberales, objetivistas y anarcocapitalistas que alguna vez han sido prejuzgados con insultos, como: fascista, cerdo capitalista, nazi, oligarca o imperialista, pero también: marxista cultural, izquierdista disfrazado, rojillo o socialista de clóset.

A mi mejor amiga, Andrea Cuevas. Es un honor que me acompañe en estas vidas alternativas que cada una nos hemos creado. Porque, ante todo, son nuestras.

A mis amigos, de quienes celebro su proyecto de vida único, irrepetible y lleno de un corazón que abraza la libertad. Son ellos quienes me han brindado múltiples experiencias que han expandido mi mentalidad. En especial a Elena González, Paulina Alvarado, Cecilia Rivas, María Marty, Belén Marty, Alejandro Bongiovanni, Axel Kaiser, María Blanco, Cecilia Olive, Cris Guarini, María Andrea D'Elía, Maru Tejada, Patty Yonker, Pamela Branson, Marta Yolanda Díaz Durán, María Dolores Arias, José Fernando Orellana Wer, Jorge Jacobs, Melissa Saravia, Michel Ibarra, Angie Siracusa, Alejandra Morales, Fernando Pérez Anaya y María José Mancilla.

A mi hermanito José Manuel Álvarez. Por ayudarme con la foto de la portada. Y por ser mi cómplice.

*A Alejandro Cabello y a Roberto Ruiz por aquella noche
en la Ciudad de México, donde me invitaron a sumarme
a una de las experiencias más liberadoras, armoniosas, divertidas,
llena de apertura mental, espiritual y física
que fue Burning Man 2018 en el Monkey Bar.*

A Roberto. For 32 flavors of insightful self-knowledge.

Al Vikingo y la Cubana. Si fuésemos música, seríamos jazz.

*A Peter Pan. Por las inolvidables aventuras.
Pero sobre todo, a Wendy. Por las lecciones aprendidas.*

*Porque la libertad es una. Y ya es hora de que ambos extremos
colectivistas dejen de dividírnosla.*

*A los lectores incomprendidos y atacados
por ambos intervencionismos les dedico esta obra
con todo mi cariño y apoyo.*

Prólogo

El debate sigue

Gloria Álvarez ha vuelto a la carga. Ha escrito *Cómo hablar con un conservador*. Este volumen es la deriva lógica de otro texto suyo muy exitoso y muy polémico: *Cómo hablar con un izquierdista*, publicado en marzo de 2017. Su nueva obra responde a dos preguntas fundamentales, a saber: ¿por qué en lugar de fomentarla, el conservadurismo obstruye la libertad en nuestras sociedades? y ¿por qué el liberalismo es mucho más eficaz que el conservadurismo para aniquilar el marxismo cultural?

Por un lado, los izquierdistas, los socialistas y (especialmente) los comunistas se sintieron justamente aludidos e increparon a Gloria: «¿Es que solo la izquierda comete errores?», «¿Cómo es posible provenir de una nación como la guatemalteca, con un 65 por ciento de pobres, y predicar las virtudes del mercado y del gobierno mínimo?». Gloria les responde con inteligencia. Por otro lado, la derecha conservadora también la atacó. Gloria es atea militante y los creyentes suelen ser intolerantes con quienes no adoran «al dios verdadero», que es, claro, el suyo. Gloria es feminista a la manera liberal, es decir, sin disfraces de falsa moralina. Asimismo, es ecologista, al extremo de lanzar en su país en 2012 una organización dedicada a la reforestación.

Gloria es, por encima de todo, un espíritu libre. Cree en la despenalización de la prostitución y del consumo de drogas. Las personas pueden hacer con sus cuerpos lo que deseen, porque ese es el terreno más urgente de la libertad. Incluso, tienen el derecho a cometer errores como fumar marihuana, aspirar cocaína, inyectarse heroína o untarse sustancias en los genitales para aumentar el placer sexual. No le corresponde al conjunto de la sociedad, y mucho menos al Estado, dictar cómo debe ser la conducta en la cama. Lo que dos adultos, o más, hagan en la intimidad de una alcoba solo es un asunto de ellos.

A una fiesta del «orgullo gay», Gloria asistió con una camiseta con una leyenda «heterosexual» a darles apoyo a los manifestantes. No hay que ser gay para sentirse solidario con la causa de los gays. Gloria no los propone, y mucho menos los recomienda, pero sabe que la libertad incluye comportamientos y actitudes variados. La libertad, incluso, abarca el derecho a morir dignamente. Como dejó escrito un suicida español: «Vivir es un derecho, no un deber».

Como advierten los trillados comunicadores, las ideas de Gloria suelen provocar dos actitudes contradictorias. La mala es que a todo eso suele oponerse el más rancio conservadurismo. La buena es que el liberalismo ha ido derrotando paulatinamente las ideologías que se enfrentaron a él desde que fue parido en la atmósfera de la Ilustración en los siglos XVII y XVIII. Los conservadores, los marxistas, los colectivistas de todo pelaje, incluso los creyentes, aunque no lo reconozcan, han tenido que incorporar ideas y creencias liberales ante la evidencia racional innegable.

¿Por qué, entonces, la resistencia a las ideas de la libertad? A mi juicio, porque surgen de la particular naturaleza psicológica de ciertas personas. Gloria es un espíritu libre porque tiene confianza en sí misma. Su ideología surge de su estructura psicológica, y no al revés. Gloria no le teme a la vida. No obstante, hay innumerables personas que están llenas de pánicos y prefieren sentirse protegidas por una entidad superior. Esta es la gente devota de los gobiernos fuertes, de los partidos únicos o de los caudillos. Por eso los liberales, los libertarios y los anarcocapitalistas son una minoría. Una formidable minoría que ha impregnado al resto de las formaciones ideológicas, pero sigue siendo el comportamiento de los emprendedores y de los espíritus libres y sin miedo.

Eso me hace pensar que es muy probable que *Cómo hablar con un conservador* tenga tanto éxito en influencia y en ventas como lo tuvo en su momento *Cómo hablar con un izquierdista*, pero difícilmente logre convencer a quienes sustentan una visión conservadora de los seres humanos. Es posible cambiar de ideas, como se demuestra con mil ejemplos válidos que van desde Octavio Paz a Mario Vargas Llosa, pero mucho más difícil es renunciar a la estructura psicológica y a la autopercepción. En todo caso, el debate sigue, y es muy positivo que Gloria Álvarez sea la abanderada de las virtudes de las ideas de la libertad. El que tienen en sus manos es un libro excelente.

CARLOS ALBERTO MONTANER

Introducción

¡No escribas ese libro!

Era inevitable. Después de lanzar en México, en este mismo sello, *El engaño populista* (2016) y *Cómo hablar con un izquierdista* (2017), el público más favorable a las ideas socialistas en toda América Latina empezó a arrinconarme en esa esquina de los «indeseables», reservada para los exponentes del racismo, la xenofobia, la homofobia, el antiecologismo y lo que ellos identifican como «la derecha más rancia»: Adolf Hitler, Augusto Pinochet, Marine Le Pen, Donald Trump, etc. (aunque todos estos tienen bastante de colectivistas, si se analizan sus propuestas).

«¿Por qué solo hay líderes socialistas en la portada?»; «¿Acaso la derecha no ha cometido errores?»; «¿Y los países donde no hay socialismo del siglo xxi?; ¿No ves cómo nos tiene el libre mercado que tanto defiendes?».

Para responder a estos y otros ataques, productos de la falacia del falso dilema donde, si uno no es del Real Madrid, obviamente es porque es del Barcelona y viceversa —algo lógico en una región donde vemos el fútbol con el mismo fanatismo que la política, pero con menor intermitencia—, poco importaba que explicara que la cronología de la entrada del populismo a América Latina en los años noventa arranca con los padres fundadores del socialismo del siglo xxi en el Foro de São Paulo; que de ahí la lógica de la portada, o que somos presos de mercantilismos estatales y que en América Latina no existe el libre mercado.

Nada de eso era suficiente para que se diferenciara el ideario liberal del libre mercado, del gobierno limitado y del respeto irrestricto a los proyectos de vida ajenos —como describiría Alberto Benegas Lynch el liberalismo— de las nefastas realidades latinoamericanas, presas simultáneamente de un mercantilismo conservador y del socialismo del siglo XXI.

Lo que fue más eficaz para hacerles notar que había una diferencia clara entre el pensamiento liberal y el conservador fue publicar constantemente artículos e intervenir en programas de radio y televisión para explicar mi postura sobre la legalización de las drogas, el aborto, la prostitución, los derechos de matrimonio y adopción para los homosexuales, la venta voluntaria de órganos, la eutanasia y demás.

Cada vez que me pronunciaba sobre estos temas, los izquierdistas se quedaban perplejos y, con su silencio y el cese de sus ataques, daban a entender que en esto estaban de acuerdo conmigo. Otros socialistas, por desconocimiento de la filosofía liberal o libertaria, me llamaban incongruente y me seguían tildando de «fascista».

Pero lo mejor de todo ocurría cuando, dentro de las mismas filas liberales, empecé a recibir ataques, como «marxista cultural», de aquellos individuos a quienes me gusta denominar «lobos conservadores disfrazados de ovejas liberales».

Esto lo viví cuando fui al programa de ultraderecha española «El Cascabel», donde me tildaron de «radical» por oponerme a cualquier intervención del Estado en la economía. Mi respuesta fue: «Sí. Radical significa ir a la raíz. Y nosotros, los liberales, somos los únicos que vamos a la raíz del problema al comprender que la única forma de acabar con la corrupción es separar radicalmente la economía y la educación del Estado».

Lo vi también en 2017 cuando fui a España a la Feria del Libro de Madrid con mi gran amiga María Blanco. Estos mismos lobos la tacharon, en ambos lados del charco, de «socialista desenmascarada» por su obra *Afrodita desenmascarada: Una defensa del feminismo liberal* (Deusto, Barcelona, 2017).

Empezaba a notar que, ante el marxismo cultural que raptaba las mentes de las juventudes latinoamericanas, había un cisma en la forma de proceder ante él: los conservadores no querían hacer nada, pues eso sería «hacerles el juego a esos sucios marxistas», mientras que del lado liberal destacábamos quienes, como María y yo, estábamos dispuestos a dar la batalla de las ideas. Lorenzo Bernaldo de Quirós había escrito *Por una derecha liberal: Un razonamiento de por qué la derecha española debe alejarse del conservadurismo* (Deusto, Barcelona, 2015); Juan Bendfeldt había recopilado *Ecohisteria y sentido común: Un rescate al medio ambiente desde la propiedad privada* (CEES, Guatemala, 1996); Jeffrey Tucker y Deirdre MacCloskey ya habían escrito *Right-Wing Collectivism: The Other Threat to Liberty*. Axel Kaiser había osado escribir *El papa y el capitalismo* (El Mercurio, Santiago de Chile, 2018); y José Benegas había desenmascarado a estos lobos con su obra *Lo impensable: El curioso caso de liberales mutando al fascismo*. Hace ya más de medio siglo que Friedrich Hayek escribió las razones por las cuales él no era un conservador en su famoso ensayo; mientras que Ayn Rand había escrito el «Obituario del conservadurismo» en *Capitalismo: el ideal desconocido* (Grito Sagrado, Buenos Aires, 2009). Casi dos siglos antes, Thomas Paine había cuestionado al mismísimo Edmund Burke —considerado el fundador del conservadurismo— varios de sus postulados conservadores en las cartas que intercambiaron sobre la Revolución francesa, al mismo tiempo que los padres fundadores de Estados Unidos defendían las ideas liberales por encima de las conservadoras en los *Federalist Papers*.

Por mi parte, no era la primera vez que me topaba con la inquisición conservadora dentro de los movimientos liberales.

· «¿Por qué tienes que poner que eres atea en tus redes sociales?» era una pregunta obligada de todos y cada uno de mis jefes y de la mayoría de mis colegas en mis diversos puestos de trabajo y colaboraciones en medios. «Tienes mucho apoyo dentro de la derecha. Con estos comentarios los asustas y los alejas. Recuerda que ellos son tus aliados».

Empezaba a darme cuenta de que, mientras fuera a los socialistas a quienes incomodara con mis postulados económicos, todo estaba bien. Pero, si en cambio, daba a conocer mis posturas en defensa de la libertad individual o mi rechazo a todos los dioses inventados por todas las religiones inventadas a lo largo de la historia de la humanidad por los mismos humanos, entonces la cosa ya no estaba tan bien y me infundían el miedo de que me iba «a quedar sola»: sin aliados ni público.

En mis diez años en las redes sociales, he recibido cientos de comentarios como: «¿Por qué no te limitas a hablar de política?», «¿Qué sabes tú de religión?», «¡No te metas con Dios!», «No hables de familia si no eres madre» o «Eres una inmoral que quieres la autodestrucción de la sociedad con eso de legalizar las drogas y la prostitución».

Recibí una ola de comentarios de este tipo por compartir una foto en el desfile de diversidad sexual celebrado en México el 23 de junio de 2018, al cual asistí con el grupo liberal Se Busca Gente Libre con una camiseta con una frase de mi autoría: *Straightly Supporting Sexual Diversity*, cuya traducción literal es: «Apoyando heterosexualmente la diversidad sexual». Después llegó otra ola igual de intensa cuando celebramos un debate sobre legalización y liberalización del aborto con el movimiento liberal de México, donde me acusaron de asesina marxista, entre muchas otras cosas.

Y quizá porque, a pesar de las constantes amenazas, el público ha seguido creciendo, o porque la situación se está radicalizando cada vez más con el marxismo cultural, o porque tengo la firme creencia de que las ideas liberales van a permear mejor que las conservadoras el siglo XXI, decidí, contra la recomendación de muchos, escribir este libro que hoy está en tus manos.

No ha sido un trabajo fácil. De mis tres obras, sin duda esta ha sido el mayor reto. *El engaño populista* era un reto de recopilación histórica y propuesta pragmática. *Cómo hablar con un izquierdista* era un reto de recopilación de anécdotas y experiencias desde el punto de vista del humor y la burla a la incongruencia de quienes, desde su *smartphone*, defienden el comunismo.

Pero hablar de las diferencias entre conservadores y liberales supuso el reto de tocar y transgredir fibras muy profundas, consideradas incluso sagradas e incuestionables por quienes las defienden. Temas que, para los conservadores, son de seriedad delicada. Aquí no se está tratando con la incongruencia de quienes predican un modo y viven de otro. Aunque admitámoslo: en esta región del mundo sobran los hipócritas morales que pecan y luego rezan sin lograr nunca empatar. Si la religión fuera realmente una brújula moral, las naciones ateas serían las más asesinas, ladronas y corruptas. Y los índices demuestran, de hecho, lo contrario.

Este libro supone meterse con aspectos que genuinamente infunden miedo, fe, estabilidad emocional, social y hasta económica en aquellos que no conciben otra forma de vivir su vida. Y mi objetivo aquí, más que denunciar incongruencias (que considero que las hay), es demostrar cómo el liberalismo es una filosofía política superior al conservadurismo en los retos que nos presenta el siglo XXI como humanidad.

Como dijo Hayek en *Los fundamentos de la libertad* (Unidad Editorial, Madrid, 2008): «Uno de los rasgos fundamentales de un conservador es el miedo al cambio, una tímida desconfianza hacia lo nuevo [...] y la inclinación a usar los poderes del gobierno para evitar el cambio».

Bajo este postulado, como diría el ingeniero guatemalteco Manuel Ayau al inaugurar mi alma mater, la Universidad Francisco Marroquín: que pase adelante quien ame la libertad por encima de la tradición y quien genuinamente crea en la batalla de las ideas como la única vía para transformar nuestra realidad.

PARTE I

Lobos conservadores disfrazados de ovejas liberales

Capítulo 1

¿Qué es el conservadurismo y quién es un conservador?

El conservadurismo es una doctrina política y social de reacción nacida de la ruptura de una tradición y de la necesidad de encontrar argumentos para defenderla o restablecerla. No es un movimiento ligado a un devenir general de la historia occidental, sino un ideario subordinado a las diferentes historias nacionales.

LORENZO BERNALDO DE QUIRÓS,
Por una derecha liberal

En la entrada sobre el conservadurismo que escribe George W. Carey[1] en la *Enciclopedia del Libertarismo*, se nos explica que, a pesar de que las raíces del conservadurismo están firmemente plantadas en el pensamiento político clásico, los términos *conservador* y *conservadurismo* no fueron utilizados en el contexto político hasta el siglo XIX. El surgimiento del conservadurismo como filosofía política lo suficientemente distinta y coherente entre otras como el liberalismo clásico o el socialismo se le atribuye comúnmente a Edmund Burke en su obra principal, *Reflexiones sobre la Revolución en Francia* (Alianza, Madrid, 2016).[2] Fue precisamente la Revolución francesa el primer episodio, en la

---

1. Carey, George W., *Freedom and Virtue: The Conservative/Libertarian Debate*, Intercollegiate Studies Institute, Wilmington, 1998.
2. *The Encyclopedia of Libertarianism*, p. 3.

historia de las naciones monárquicas de Occidente, el que puso en evidencia una ruptura entre la forma en que se concebía a la sociedad y su relación con la clase gobernante. Dicha ruptura da paso a que pensadores como Burke, entre otros, analicen a conciencia qué implica tirar por la borda todas las instituciones que por tradición constituyen las bases en las que una nación se funda.

George W. Carey en su ensayo *Freedom and Virtue: The Conservative/Libertarian Debate*, publicado en 1998 por el Intercollegiate Studies Institute, hace un interesante análisis sobre las enseñanzas de Burke, quien fue bastante escéptico respecto a los pensamientos desarrollados en la época de la Ilustración que fueron la llama de la Revolución francesa. A pesar de que su obra no fue el desarrollo de una teoría política sistemática, este ejercicio lo forzó a articular los principios y suposiciones que justificaban ese repudio. De su trabajo, y de otros escritos y discursos de su autoría, es posible extraer la mayoría de los principios, creencias y suposiciones que constituyen el núcleo de la filosofía política del conservadurismo moderno.[3]

En concordancia con las enseñanzas de Aristóteles, Burke contemplaba la sociedad como un todo complejo con una multitud de interrelaciones: «Cada sociedad es única, habiendo evolucionado a través del tiempo bajo circunstancias distintas y, por lo mismo, dando lugar a distintas tradiciones, creencias, instituciones y relaciones».[4]

Pero mientras para Locke, Hobbes o Rousseau el contrato social determina un momento específico en la historia de cada sociedad, donde sus miembros acuerdan vivir bajo el monopolio de la fuerza de sus gobernantes a cambio de establecer la cooperación pacífica entre sus miembros, Burke habla de un contrato social orgánico y fluido que toma la forma de una «asociación en toda la ciencia, en todo el arte, en cada virtud, y en toda la perfección». Como los fines de esa asociación no pueden obtenerse sino en muchas generaciones, continúa, «la sociedad se hace no

---

3. *Ibid.*, p. 94.
4. Burke, Edmund, *Reflexiones sobre la Revolución en Francia*.

solo entre aquellos que están vivos, sino con aquellos que están muertos y también con aquellos que están por nacer».[5]

Esta concepción, como explica Carey, «ya implica la posibilidad de garantizar cierta obediencia e inmovilidad con aquello que haya sido "heredado" de nuestros ancestros ya muertos, y que pase intacto para que sea obedecido por quienes aún están por nacer en el futuro. Y este traspaso involucra la ciencia, el arte y la virtud». Aquí, ya vemos una pleitesía por parte de los conservadores a lo heredado por encima de lo que está por ser descubierto: una de las características fundamentales que diferencian al conservadurismo del liberalismo.

Estas ideas con las que Burke cuestionó los pensamientos de la Ilustración fueron la base del conservadurismo moderno. Burke afirmaba que, sin tradiciones sólidas, ninguna generación será capaz de anclar a otra, de la misma manera en que «las moscas no pueden perdurar en el verano». No existe una sola generación que posea la sabiduría ni el derecho para cambiar por completo una sociedad. Creer en «esta facultad sin principios de cambiar de manera constante y tantos aspectos el estatus, de acuerdo con los gustos y modas tan variantes» resulta peligroso.

La razón no es suficiente

Burke era consciente de que el Estado debe poseer mecanismos para cambiar si quiere sobrevivir. Pero nunca debe hacer esos cambios fuera de un código moral que incluya las condiciones y los procesos para llevar y guiar esos cambios. En coherencia con su entendimiento de la evolución y de la complejidad de la sociedad, Burke sostuvo que la razón, por sí misma, tiene una utilidad limitada para reformar o reestructurar la sociedad, y que el cambio efectivo tiene que darse necesariamente de forma lenta, a través de la prueba y el error, con la debida atención puesta en las tradiciones, prejuicios, expectativas y formas de vida de la gente.[6]

5. *Ibid.*
6. *Ibid.*

Pero ¿acaso la razón no se alcanza precisamente a través de la prueba y el error? El problema es que, muchas veces, las tradiciones de ciertas sociedades —los prejuicios, expectativas y formas de vida de la gente— promueven comportamientos contrarios a la libertad individual. No solo respecto de la libertad económica, también de la libertad de expresión, de la libre emisión del pensamiento, de la diversidad sexual e incluso la libertad de movilización. Además, no existe ninguna sociedad donde todas las personas compartan las mismas tradiciones, prejuicios, expectativas y formas de vida. Con lo cual, siempre surge el dilema: ¿qué medida es la que se va a utilizar para determinar cuál es la tradición, el prejuicio, la expectativa, y la forma de vida imperante para una sociedad? ¿La que su mayoría elija como adecuada? ¿Incluso si esa mayoría está equivocada? ¿Incluso si esa mayoría ignora los dictados de la razón?

En cambio, como detallaré más adelante, la filosofía liberal, desde la perspectiva objetivista hasta la economía austriaca, posiciona a la razón como la facultad humana para comprender la realidad y adecuar su vida para mejorarla.

Burke también escribió de las complejidades en lo que concierne a la «ciencia», a la «construcción», «renovación» o «reformulación» del bien común. Dicha ciencia, advirtió, «no se puede enseñar *a priori*» sino que es una «ciencia práctica» que requiere de larga experiencia, «más experiencia que la que una persona puede recolectar en toda su vida».[7]

Pero entendamos que lo que una persona podía recolectar en materia de experiencias en el siglo XVIII, cuando Burke vivía, no tiene las facilidades que tiene la experiencia que una persona puede recolectar a lo largo de su vida en el año 2018. Algo tan sencillo como tomar un avión y en doce horas estar al otro lado del mundo, por ejemplo, o acceder a internet, son dos de las miles de realidades que hoy hacen las experiencias de un ser humano muchísimo más complejas que en el siglo XIX.

Con esto no quiero decir que una sola generación sea consciente de todos los procesos humanos para tomar buenas decisio-

7. *Ibid.*

nes. Si fuese esta nuestra actual realidad, algo como el socialismo sería solo visto en los libros de historia como un experimento inútil, cruel y fallido de nuestro pasado. Sin embargo, son millones los mileniales socialistas. Por eso, en *Cómo hablar con un izquierdista* hice especial énfasis sobre la batalla por los mileniales. Y fui muy explícita en la necesidad de que las nuevas generaciones estudien historia y economía para desarrollar empatía por los esfuerzos que a la humanidad le han costado llegar hasta donde estamos.[8]

Carey también apunta que la visión orgánica de la sociedad que tenía Burke no dejaba espacio para las abstracciones ni los derechos metafísicos que los revolucionarios franceses buscaban:

> Estos «pretendidos derechos», insistía, «son todos extremos; y en la proporción en que son metafísicamente verdaderos, son difíciles de aplicar en su forma prístina a toda la sociedad; son como rayos de luz que tienen que permear en un medio denso» y «por las leyes de la naturaleza son refractados de su línea recta».[9] Teniendo en cuenta las pasiones del ser humano y la alta complejidad de la sociedad, Burke decía que era «absurdo hablar de estos derechos como si continuasen en la simplicidad de su dirección original». Estos derechos, pensaba, tienen un estatus medio: no se pueden definir, pero tampoco son imposibles de discernir. Su aplicación en sociedad, insistió, «requiere prudentes consideraciones que frecuentemente involucran el balance entre diferencias del bien», «compromisos entre el bien y el mal y a veces entre el mal y el mal. [...] La razón política es un principio calculador; suma, resta, multiplica y divide —moral y no metafísica o matemáticamente— denominaciones morales verdaderas».[10]

Quizá por esto los conservadores de derecha son capaces de hablar de dictaduras benevolentes cuando estas permiten un capitalismo autoritario. Son varios los conservadores que en Améri-

8. *Cómo hablar con un izquierdista*, pp. 117-119.
9. Burke, Edmund, *Reflexiones sobre la Revolución en Francia*.
10. *Ibid.*

ca Latina, con el reciente triunfo del presidente Jair Bolsonaro en Brasil, han expresado su deseo de que este sea como un Augusto Pinochet en el siglo XXI, al aplaudir que el dictador militar hiciera desaparecer y asesinar a disidentes chilenos de izquierda en los años setenta.[11]

Otro aspecto central para el conservadurismo del pensamiento de Burke es su creencia en un orden moral objetivo y divino donde «ya no hay nada que descubrir ni en la moral, ni en los grandes principios de gobierno, ni en las ideas de la libertad», ya que mucho tiempo antes de que estuvieran vivos los seres humanos actuales, los anteriores hicieron esos descubrimientos por nosotros. Él resaltó que «la religión es la base de la sociedad civil y la fuente de todo el bien y el bienestar».

Es un postulado con el que la mayoría de los conservadores está hoy de acuerdo, mientras los liberales lo rechazan, incluso hasta el punto de poder identificar con hechos y datos históricos ocasiones en las cuales la religión ha sido la fuente de uno o varios males para la sociedad.[12] Carey nos explica:

> Burke remarcaba que el ser humano es por su constitución un animal religioso y que el ateísmo está en contra, no solo de nuestra razón, sino de nuestros instintos. De manera firme, defendía la unión entre Estado e Iglesia —postulado con el que incluso muchos conservadores hoy estarían en contra y por supuesto todos los liberales— bajo las bases de que aquellos investidos con poder «estarán fuertemente impresionados con la idea de que actúan en confianza y que ellos deberán rendir cuentas de su conducta con el Gran Maestro, Autor, y Fundador de la Sociedad».

Burke también escribió sobre la naturaleza falible de los hombres y la necesidad de restringirla por medio de la ley y la

11. «Pinochet hizo lo que tenía que hacer», declaraciones de Jair Bolsonaro: <https://www.youtube.com/watch?v=REoWZWQEU-o>.

12. Para conocer varios hechos históricos donde la religión ha sido un obstáculo para el avance pacífico y próspero de la humanidad, consúltese *El libro prohibido del cristianismo*, de Jacopo Fo, Sergio Tomat y Laura Malucelli (Ma Non Troppo, Teià, 2002).

tradición: «Esas restricciones a los hombres, así como a sus libertades, deberán estar reconocidas entre sus derechos».[13]

Aparte de la importancia que una nación debe darle a la jerarquía del orden divino del cual se deriven los principios morales incuestionables que deben regir a la sociedad en todo momento, Burke también hizo hincapié en la importancia que se le debe dar a la jerarquía terrenal como un atributo intrínseco de toda sociedad. «En todas las sociedades —sostuvo— consistentes de varias descripciones de ciudadanos, alguna debe estar por encima de las demás». Él observaba que todos aquellos que intentaban nivelar nunca terminaban «igualando», y que lo único que lograban era «cambiar y pervertir el orden natural de las cosas». Aunque los conservadores desde Edmund Burke reconocen el peligro de igualar a las sociedades porque dichos experimentos terminan anulando los derechos del individuo (y en esto hay compatibilidad con el pensamiento liberal), existen instituciones que los conservadores buscan preservar por encima de las mismas que también buscan igualar las conductas individuales.

Refiriéndose a la Revolución francesa, añadió: «Debo suspender mis felicitaciones por la nueva libertad de Francia hasta que se sepa cómo se ha combinado con [...] la moralidad y la religión, con la paz y el orden, con los usos civiles y sociales».[14]

Aquí, obviamente, plantea una cuestión que más adelante se probaría con los nefastos experimentos comunistas y socialistas que se han intentado en la mitad de todo el territorio habitable del planeta. Todo experimento colectivista, en lugar de lograr nivelar o igualar, solo ha resultado en igualdad de miseria y escasez en sociedades donde se pudo haber alcanzado el progreso.

Sin embargo, la concepción de jerarquía no siempre va aunada a la de meritocracia, como los liberales proponemos. Para los distintos grupos conservadores, la jerarquía no es cuestión tanto de mérito como de genética, clase social, abolengo, herencia o incluso de género o creencia religiosa. Burke defendía la tenencia desigual de la propiedad privada y de la herencia como «la potestad de per-

13. Burke, Edmund, *Reflexiones sobre la Revolución en Francia*.
14. *Ibid.*

petuar nuestra propiedad en nuestras familias» como «aquella que perpetúa de mejor manera el bienestar en nuestras sociedades».[15] En este aspecto, bajo los «verdaderos y reales» derechos de los individuos, está aquel sobre los «frutos de sus industrias y sobre los factores para esas industrias fructíferas». Estos principios, articulados originalmente por Burke, proveen los fundamentos del conservadurismo moderno. Su aplicación y operación han variado de un país a otro, por lo que podría argumentarse que el conservadurismo carece de las características inflexibles de una ideología. Sin embargo, todos comparten la visión de que las instituciones sociales son el producto de desarrollos evolucionarios, y esta valoración sirve para los «derechos del hombre» que son propensos a ser distintos en cada cultura, como cualquier aspecto de la ley y la política.

Pero ¿qué ocurre cuando el propio conocimiento de la evolución de nuestras tradiciones, sociedades y costumbres nos empieza a revelar que, en realidad, los postulados defendidos por los conservadores van completamente en contra del proceso evolutivo de la humanidad?

Cuando Burke defendió la evolución de las costumbres y tradiciones como el mejor estandarte para guiar a las sociedades, estas no contaban aún con los avances científicos, antropológicos, biológicos y genéticos con los que hoy sí contamos. En su éxito de ventas *De animales a dioses. Una breve historia de la humanidad* (Debate, Barcelona, 2015), Yuval Noah Harari nos ofrece un excelente ejemplo de cómo los descubrimientos actuales nos están demostrando que las bases tradicionales sobre las cuales los seres humanos hemos diseñado nuestras formas de vida no tienen nada que ver con las enseñanzas evolutivas de nuestra especie. Y para demostrarlo, nos pone el ejemplo de la Declaración de Independencia de Estados Unidos, que empieza así:

> Sostenemos como evidentes estas verdades: que todos los hombres son creados iguales; que son dotados por su creador de ciertos derechos inalienables; que entre estos están la vida, la libertad y la búsqueda de la felicidad.

15. *Ibid.*

Las palabras que Harari resalta del texto son las que luego analiza una a una de acuerdo con lo que hoy sabemos sobre nuestra evolución.

Creados iguales: de acuerdo con la ciencia de la biología, las personas no fuimos «creadas». Hemos evolucionado. Y evidentemente, no evolucionamos para ser «iguales». La idea de la igualdad, de hecho, es una concepción heredada del cristianismo que nos enseña que, ante los ojos de Dios, todos somos iguales. Sin embargo, la evolución está basada en las diferencias, no en las semejanzas. Cada persona posee un código genético distinto y está desde que nace expuesta a diferencias en nuestro entorno, tanto físico como emocional, intelectual y social. Por lo tanto, en lugar de «creados iguales», de acuerdo con lo que la evolución nos enseña, deberíamos reescribir esta declaración para que diga «nacen».

Derechos inalienables: el concepto de «derecho» no existe en biología. Solo existen órganos, habilidades y características. Harari pone de ejemplo a los pájaros que vuelan, no porque tienen derecho a volar, sino porque tienen alas. Y tampoco es cierto que estas características sean inalienables, pues muchas de ellas son mutaciones que van transformándose con el tiempo. Así que debería cambiarse este concepto por «características mutables».

Libertad, felicidad: respecto de las características que han evolucionado en los humanos, la vida es ciertamente una de ellas. Pero la libertad no existe en biología. La libertad es algo que como humanos hemos inventado y que existe mientras existamos nosotros como especie. Y por último, en cuanto al concepto de felicidad, ningún estudio biológico ha podido dar con una clara definición al respecto. Con lo que sí contamos es con definiciones y claros conceptos de lo que es el placer.

Así que, concluye Harari, si consideramos lo que la tradición y la lenta evolución nos pueden enseñar respecto de nuestra verdadera naturaleza, un documento como la declaración de Independencia de Estados Unidos tendría que reescribirse así:

Sostenemos como evidentes estas verdades: que todos los hombres evolucionaron de manera diferente, que nacen con ciertas características mutables y que entre estas están la vida y la búsqueda del placer.

Este ejercicio que hace Harari sirve precisamente para ilustrar el dilema ante el cual los conservadores se enfrentan en el siglo XXI: si, como recomienda Edmund Burke, quieren ser respetuosos con las tradiciones y enseñanzas lentas que nos otorga el desarrollo evolutivo, entonces van a tener que admitir que muchas de las tradiciones que se han preservado durante siglos son en realidad contrarias a las enseñanzas que la misma evolución nos está arrojando.

Hasta ahora, los conservadores han sostenido que las reformas deben hacerse dentro de la matriz de la historia de la sociedad, con suficiente atención puesta en sus reglas tradicionales y prejuicios, sean liberales o no. Esto se refleja cuando Burke dice:

> El espíritu de innovación es generalmente resultado de un temperamento egoísta y de miras limitadas. El espíritu de libertad que por sí solo lleva al desgobierno y al exceso se templa con una solemne gravedad.

Y continúa haciendo interesantes cuestionamientos sobre las revoluciones:

> El desagrado que siento hacia las revoluciones [...], el espíritu de cambio que prevalece en el extranjero; el total desprecio que prevalece entre vosotros —y que puede llegar a prevalecer entre nosotros— de todas las antiguas instituciones, cuando son opuestas al sentido de la conveniencia o la inclinación actuales; todas esas consideraciones hacen aconsejable que dirijamos nuestra atención a los auténticos principios de nuestras leyes internas; que tú, amigo francés, comiences a conocerlos, y que nosotros continuemos venerándolos [...]. El pueblo inglés no imitará servilmente las modas que no ha ensayado nunca ni se volverá hacia quienes, debidamente examinados, ha considerado dañinos.

Aquí concuerdo con Burke. Prestar atención a la evolución de la humanidad, que fue desarrollando las herramientas que hicieron posible nuestra supervivencia (el lenguaje, las matemáticas, la biología, la medicina, la agricultura, etc.) es clave para la cooperación pacífica de los individuos en la sociedad. Y por eso, cuando nos preguntamos qué es lo que debemos conservar, no podemos dejar de lado el uso de la razón y los descubrimientos que gracias a ella hemos alcanzado sobre quiénes somos y por qué nos comportamos como lo hacemos.

Que conceptos como *Dios, derechos* o *libertad* sean el producto de la invención humana para controlar a las masas y lograr su cooperación tampoco implica que debamos desecharlos y vivir en la anarquía y la violencia. Simplemente, creo que, teniendo claro que las instituciones que hemos desarrollado tienen lógicas dentro de nuestra historia, podremos entonces analizar con objetividad cuáles lo han hecho bajo lógicas perversas de dominio y sometimiento —como, en mi opinión, las religiones, la esclavitud o la misoginia— y cuáles, en cambio, se han desarrollado bajo lógicas de justicia y prosperidad, como la libertad, la justicia y el respeto al derecho ajeno.

Con esta guía, podemos entonces conservar lo que realmente vale la pena para que en el siglo XXI y en los siglos posteriores podamos convivir como humanidad. Por eso, es necesario plantearse ¿qué pesa más? ¿Las tradiciones antiliberales que son hoy defendidas por los conservadores, o la evidencia empírica que nos demuestra que la libertad individual es la condición necesaria para el bienestar de la sociedad, por encima de tradiciones e instituciones milenarias que intentan coartarla?

Por tener derecho a todo, lo quieren todo. El gobierno es un instrumento de ingenio humano para la satisfacción de las necesidades humanas. Los hombres tienen derecho a que se procure satisfacer esas necesidades mediante esa inteligencia. Entre esas necesidades hay que contar la necesidad, que es consecuencia de la sociedad civil, de una restricción suficiente de sus pasiones.

Como lo describe tan eficientemente Lorenzo Bernaldo de Quirós:

> Así como los socialistas o colectivistas marxistas se aferran al ideario socialista como una verdad absoluta, sin importar cuántas veces esta fracase, los conservadores se aferran a los valores que para ellos son verdades más allá de lo que otras realidades demuestren. A este término se le llama «intuicionismo», la filosofía política construida sobre la creencia de que hay ciertas verdades apriorísticas, no sujetas a prueba empírica o racional alguna, que han de ser descubiertas y aceptadas por los individuos y, si esto no sucede, los poderes públicos están legitimados para imponerlas. Desde la derecha y desde la izquierda se ha pretendido forzar, a través de la coerción estatal, la imposición del peculiar concepto de la buena sociedad profesado por cada una de ellas, lo que solo ha contribuido a debilitar los lazos de cooperación social y el sentido de la ciudadanía.[16]

Esta posición es de una extraordinaria debilidad, y se enfrenta a una intrínseca contradicción cuando la tradición de la que se reclaman custodios los conservadores pierde vigencia y/o es sustituida por otras de signo contrario, lo que hace oscilar a sus paladines entre el fanatismo (como la *alt-right* y las manifestaciones de supremacía racial), la nostalgia (como la de las abuelitas que dicen que todo tiempo pasado fue mejor) y el recurso a la reingeniería social para revivir un mundo perdido (como los políticos latinoamericanos que comúnmente proponen la lectura obligatoria de la Biblia en las escuelas de primaria estatales como gran remedio a la delincuencia juvenil en los países más violentos y pobres de América Latina, como El Salvador, Guatemala, México y Honduras).

---

16. Bernaldo de Quirós, Lorenzo, *Por una derecha liberal.*

Capítulo 2

Crítica de los conservadores al liberalismo

Algunas de las obras más explicativas sobre las críticas que los conservadores hacen a los liberales son *The Meaning of Conservatism*, de Roger Scruton, *The Politics of Prudence*, de Russell Kirk, y *Liberalism and Neo-Conservatism: Is a Synthesis Possible?*, de Ronald Hamowy. Estas obras son utilizadas en la *Enciclopedia del Libertarismo* para exponer las diferencias entre ambas corrientes. En ellas se explica que el liberalismo y el conservadurismo son frecuentemente clasificados juntos como filosofías políticas de «derecha», lo cual es entendible si se considera que durante el siglo xx ambas posturas tuvieron que ser aliadas frente a las constantes amenazas colectivistas que amenazaron a la humanidad desde el fascismo, el nazismo, las dos guerras mundiales, el avance del comunismo y la guerra fría. Ambas filosofías son hostiles al igualitarismo que ha motivado a los socialistas y izquierdistas, y al estatismo que los colectivistas han intentado implementar en sus programas. Aunque, como veremos más adelante, varios conservadores han justificado acciones colectivistas para implementar ciertas reglas en la sociedad como acciones estatistas con el fin de amalgamar ciertos privilegios.

Existen coincidencias, sobre todo en los ámbitos económicos, entre ambas filosofías. Edmund Burke, el padre del conservadurismo moderno, era un *whig* que simpatizaba con la economía de Adam Smith. Asimismo, John Locke, antecesor intelectual de los derechos naturales de liberales como Robert Nozick y Murray Rothbard, le dio características teológicas a su propia doctrina de derechos naturales.

Consecuentemente, algunos conservadores han llegado a la conclusión de que el liberalismo y el conservadurismo son tendencias complementarias que se entienden mejor como aspectos meramente diferentes del mismo espectro político. Esta postura fue útil cuando había un enemigo en común entre ambas corrientes: el socialismo. Pero, como veremos más adelante, muchas veces el conservadurismo ha sido aliado de posturas más socialistas, a veces por no perder votos, privilegios o la buena imagen ante la opinión pública. Por eso es importante analizar primero en qué nos parecemos liberales y conservadores, pero también en qué son similares los conservadores y los de tendencias socialistas para comprender la importancia de que los liberales nos desliguemos de los conservadores en el siglo XXI.

El mayor defensor de la visión fusionista entre conservadurismo y liberalismo fue Frank S. Meyer,[17] y sus posturas hicieron mucho por moldear el movimiento conservador contemporáneo. Pero también ha sido criticado por otros conservadores, que tienden a postular que las similitudes entre el liberalismo y el conservadurismo son superficiales, enmascarando una profunda división filosófica que hace a ambas posturas en última instancia irreconciliables. Como dijo Michael Oakeshott respecto de *Camino de servidumbre* (Alianza, Madrid, 2016), de F. A. Hayek: «Un plan para resistir todo tipo de planificación puede ser mejor que su opuesto, pero pertenece al mismo grupo de política».[18]

Estos conservadores sostienen que el liberalismo es una ideología tan utópica, fría y abstracta como lo son el socialismo y el fascismo. Y que, aunque los conceptos que el liberalismo defiende, como *libertad*, *derechos* o *mercado libre*, suenen más benévo-

---

17. Meyer, Frank S., *In Defense of Freedom and Related Essays* (Liberty Fund, Indianapolis, 1991).

18. Oakeshott, Michael, *Rationalism in Politics and Other Essays* (Liberty Fund, Indianapolis, 1991).

los para la humanidad que conceptos como *clase, raza* o *pueblo*, la esencia es la misma.

El conservador Russell Kirk expone una de las críticas más conocidas al liberalismo en su ensayo «Un desapasionado juicio del liberalismo».[19] Su primera objeción es que los liberales, al igual que los marxistas, niegan la existencia de un «orden moral trascedente» al que los conservadores están dedicados en cuerpo y mente y «confunden nuestra existencia efímera de individuos como un ser que es todo y el fin en sí mismo». En respuesta, muchos liberales afirman que dicho orden moral puede existir y que no hay ninguna objeción por parte del liberalismo a que así sea. El problema está en que el liberalismo no verá con buenos ojos que dicho orden moral sea impuesto por medio de la intervención del gobierno, ya que implica interferir con el derecho individual de la pertenencia propia de la persona como un fin en sí misma, y no como un medio para otros fines, sean estos los de ciertas instituciones u otros individuos. Esto, considerando la evidente realidad de que la libertad no implica que tú tomes las mejores decisiones para tu propia existencia. La libertad también te permite tomar decisiones inmorales y perjudiciales contra tu propia vida. La libertad simplemente garantiza que nadie más tome esas decisiones por ti.

Sin embargo, muchos conservadores dicen que esta respuesta liberal ignora el argumento de Kirk. La clase de orden moral trascendente que Kirk tiene en mente, según ellos, se refiere a los fines o propósitos naturales atribuidos a los seres humanos por la ley natural heredada de Santo Tomás de Aquino en la *Suma teológica*, recopilada posteriormente por John Locke, según la cual, Dios posee una pertenencia sobre los seres humanos. De acuerdo con dicha pertenencia, a pesar de que los hombres poseen libre albedrío, están llamados a obedecer ciertos mandatos que definitivamente constriñen la clase de derechos naturales que los seres humanos puedan tener, pues según estas teorías conservadoras, el objetivo por el cual poseemos derechos naturales es facilitar el

---

19. Rusell, Kirk, *The Politics of Prudence* (Intercollegiate Studies Institute, Bryn Mawr, PA, 1993).

plan de Dios en la tierra a través de nuestros fines y propósitos[20] o salvaguardar la propiedad de Dios.[21]

Esto implica que, en principio, no existe el derecho a hacer algo que es contrario a nuestros fines naturales ni propósitos; es decir, no existe el derecho a hacer aquello que es intrínsecamente inmoral. Y claro, lo inmoral dependerá de lo que las instituciones religiosas del momento determinen como tal. Por ejemplo, respecto de la homosexualidad, la postura de la Iglesia católica ha sido ambivalente. Si uno consulta los textos católicos sobre la homosexualidad, en principio no existe nada inmoral en ser homosexual, siempre y cuando se viva con absoluta castidad. Lo mismo ocurre con el consumo ilícito de drogas o ver pornografía.

Para Locke, no puede existir el derecho a hacer aquello que viole los derechos de Dios sobre nosotros (por ejemplo, suicidarse). Kirk parece concluir que cuando insistimos en un derecho a hacer algo que es contrario a la visión tomista o la lockeana, inevitablemente nos volvemos inmorales, lo que rechaza el liberalismo.

Explica la *Enciclopedia del Libertarismo*:

La segunda objeción de Kirk al liberalismo es que el orden viene antes que la libertad y que la justicia, porque la libertad y la justicia «solo pueden ser establecidas cuando el orden está ya razonablemente asegurado».[22] Sin embargo, él argumenta: «Los liberales le dan prioridad a la libertad abstracta» y por lo tanto «dificultan la libertad que ellos mismos buscan». A esta noción, los liberales responden que Kirk está interpretando las cosas al revés: el respeto a los derechos individuales, es decir, a la vida, libertad y propiedad privada es para nosotros precisamente la base del orden, porque es ese respeto el que hace posibles las transac-

20. Santo Tomás de Aquino, *Suma teológica* (Biblioteca de Autores Cristianos, 2010).
21. Locke, John, *Dos ensayos sobre el gobierno civil* (Espasa, Barcelona, 1997).
22. Kirk, Russell, *The Politics of Prudence* (Intercollegiate Studies Institute, 1993)

ciones voluntarias de las cuales se desprende entonces el orden
—sea este orden económico o, para algunos liberales, incluso legal
y social—, y que surge espontáneamente a través de un mecanismo de mano invisible.

La tercera crítica de Kirk se refiere a la visión liberal de que
«lo que mantiene a la sociedad unida es el interés individual, muy
relacionado con el pago». Para Kirk, los mecanismos del mercado
presuponen necesariamente un marco moral dentro del cual los
miembros de la sociedad se ven unos a otros como algo más que
potenciales asociados voluntarios para hacer intercambios de los
cuales se beneficien mutuamente. La sociedad —dice él haciéndose
eco de Burke— «es una comunidad de almas que une a los muertos,
a los vivos y a los que están por nacer».

Roger Scruton coincide con Kirk en argumentar que «las instituciones económicas, políticas y legales de una sociedad libre
solo pueden funcionar respaldadas por un entorno de confianza
mutua entre los ciudadanos, lo cual requiere un sentido compar-
tido de pertenencia en una comunidad definida por lazos sociales y lealtades (religiosas, étnicas y culturales) que son mucho
más profundas que las consideraciones abstractas de derecho o
del interés individual racional».[23]

El famoso venezolano Jason Silva, en su producción *Orígenes*,
dedica un capítulo entero al dinero. Cuando estudiamos la evolución de la tecnología que conocemos como dinero, nos damos
cuenta de que desde hace quince mil años, cuando entre las tribus
africanas no había más que discordia y peleas, fue el intercambio de alimentos por herramientas y armas lo que generó orden y
cordialidad entre las tribus, que entendieron que, si cooperaban,
ganaban más que si luchaban. Eso fue lo que permitió el florecimiento de distintas formas de vida, porque en el intercambio no se
impone una cultura por encima de la otra. Ambas culturas coexis-
ten y se benefician precisamente de la idiosincrasia particular de
cada una para concentrarse en ciertos bienes atractivos para otras
tribus que no cuentan con las condiciones geográficas, climáticas

23. Scruton, Roger, *The Meaning of Conservatism* (Pelgrave Macmillan,
Basingstoke, 2001).

y minerales para producir dichos bienes. Veamos la cuarta objeción de Kirk según la *Enciclopedia*:

La cuarta objeción de Kirk es que los liberales «creen generalmente que la naturaleza del ser humano es buena y de beneficio, y que es dañada por ciertas instituciones sociales», al contrario de la visión conservadora que sostiene que la naturaleza humana es imperfecta, al menos en esta vida. Lo que Kirk probablemente tuvo en mente respecto de esta crítica es la exaltación del individuo, y el poder de la razón humana que se encuentra en escritoras como Ayn Rand, aunque no todos los liberales han puesto el mismo énfasis en este tema como ella.

Yo, personalmente, me adscribo a las posturas de Rand. Aunque los recientes descubrimientos en neurociencias —recopilados por científicos como Steven Pinker en *La tabla rasa* (Paidós, Barcelona, 2012)— nos están demostrando que quizá no todos venimos con la carga genética para desarrollar la resiliencia que requieren los seres humanos que llegan a ser los John Galt, los Howard Roarke, las Dagny Taggart o las Dominique Francon de la vida real y que, por lo mismo, existe también una predisposición de muchos individuos a comportarse más como Ellsworth Toohey o James Taggart.[24]

Parece que los recientes descubrimientos sobre la forma en que se desarrollaron las antiguas civilizaciones respaldan la visión liberal, donde es el individuo el que lidera con sus innovaciones los cambios radicales que luego pueden ser rechazados o acogidos por el resto de la sociedad.

La quinta crítica de Kirk es hacia la postura liberal de ver el Estado como el gran opresor frente a la postura conservadora de verlo como algo natural y necesario para la realización de la especie humana y el crecimiento de la civilización. Kirk argumenta que «los liberales mezclan el Estado con el gobierno, cuando en

---

24. En *La tabla rasa*, Steven Pinker hace mucho énfasis en aclarar que los recientes descubrimientos neurocientíficos no significan de ninguna manera un darwinismo social de corte nazi. Que no todo depende de los genes, ni todo depende del entorno, en lo relativo a las características personales de un ser humano.

verdad el gobierno es el instrumento temporal del Estado». Kirk describe el Estado «como un ente social orgánico del cual el gobierno es apenas el organismo ejecutivo, cuya función primaria es la restricción de las pasiones e intereses individuales que puedan amenazar el bien común».

Pero, en la práctica, el Estado es administrado por el gobierno, que está compuesto por individuos que toman decisiones en un momento determinado. Esta es la razón por la que los liberales que se adhieren a los análisis de la Escuela de la Elección Pública[25] argumentan que los funcionarios del gobierno actúan motivados por pasiones e intereses egoístas que en nada se diferencian de las pasiones e intereses egoístas de los individuos que actúan dentro de la sociedad civil. Así como Adam Smith nos recuerda que el panadero no vende pan por la preocupación que le genera que otras personas coman, o que el cervecero no vende cerveza por el interés de que otros la beban, sino por su interés personal en que con sus ventas puedan sostener a sus familias, los funcionarios públicos, burócratas y gobernantes tienen intereses personales que ponen por encima del bien común. No quieren perder sus puestos de trabajo. Y cuando dichos puestos dependen de satisfacer ciertos favoritismos, los funcionarios tomarán la decisión egoísta de incurrir incluso en prácticas corruptas con tal de conservar sus empleos.

En cambio, como explica Bernaldo de Quirós, los conservadores fueron los baluartes del Estado absoluto cuando ellos lideraban y gestionaban ese esquema de organización política; luego han sustentado y administrado las distintas versiones del colectivismo cuando estas se convirtieron en hegemónicas.

Con la Ilustración, la Revolución Industrial, la revolución científica, los ideales más antiguos de la nobleza, la Iglesia y del gobierno, como instituciones sagradas y dotadas de confianza

---

25. La Escuela de la Elección Pública (Public Choice School) utiliza la economía para estudiar los problemas de la política con el objetivo de reducir el poder político frente a la sociedad civil. Dentro de la economía, es una rama de la microeconomía que se dedica analizar el impacto de las decisiones colectivas en materia de legislación, clientelismo, elecciones y el comportamiento de los votantes.

por el mismo Dios para procurar el bien público más allá del privado, fueron destruidos y puestos a prueba. La visión tradicional del Estado como un ente de orden natural divino fue abandonada a favor de la visión clásica liberal del Estado como un artefacto meramente humano creado por un contrato social que existe precisamente para promover los intereses privados.

En realidad, el Estado no es más que los individuos que un momento determinado lo administran. Suponer una visión generalizada del Estado como un ente superior e independiente de los individuos que lo componen es precisamente adherirse a una especie de imaginario colectivo basado en la fe y no en el sentido común. Como dijo con tanta elocuencia uno de los padres fundadores de la primera nación instituida bajo los principios liberales, James Madison: «Si los hombres fueran ángeles, el Estado no sería necesario. Si los ángeles gobernaran a los hombres, ningún control al Estado, externo o interno, sería necesario».[26]

La última crítica de Kirk al liberalismo es que «asume que este mundo es un escenario para el ego, con sus apetitos y sus pasiones individualmente autoasertivos. Y que ignora el deber, la disciplina y el sacrificio de los cuales depende la preservación de la sociedad». Según Kirk, el liberal no respeta las creencias ancestrales, las costumbres, el mundo natural, ni el amor por la patria. Estas acusaciones pueden ser un poco injustas considerando que muchos liberales —no esta autora— se consideran religiosos y patriotas. Pero es verdad que, ante las evidencias que la realidad arroja, los liberales contamos con la capacidad de abandonar conceptos como sacrificio o disciplina por el amor a la patria. El fervor nacionalista que existe dentro de las filas conservadoras los lleva a apoyar medidas en contra de la inmigración extranjera que los liberales sí apoyamos. La diferencia radica en que los liberales nos oponemos a la existencia de un Estado benefactor del cual los inmigrantes entren a beneficiarse. Los conservadores, en cambio, prefieren cerrar las fronteras antes de entrar en la discusión de si debe abolirse o no el Estado benefactor. En Estados Unidos, dentro del Partido Republicano

---

26. Madison, James, *The Federalist Papers*.

conservador se ha visto un ala representada por miembros como Dennis Prager o Ann Coulter que sí han sido muy críticos tanto de la inmigración como del Estado benefactor. Pero en Europa es muy difícil encontrar exponentes de los partidos conservadores de derecha que estén dispuestos a abrir el debate sobre el desmantelamiento de las políticas del bienestar, tanto para los nacionales como para los inmigrantes.

Lo que los conservadores tienden a criticar del liberalismo es que nos oponemos a aceptar obligaciones que nos sean impuestas por otros sin nuestro previo consentimiento. Porque, para la mayoría de los conservadores, todos los individuos, queramos o no, tenemos obligaciones hacia nuestros padres, nuestros hijos y otros familiares, nuestro país y, al menos en algunas circunstancias, aquellos miembros de nuestra sociedad que están en la necesidad extrema.

La obligación de ayudar, según los conservadores, debe ser primeramente canalizada por las familias, las iglesias y otras entidades de la sociedad civil. Pero también entra aquí el papel del gobierno, ya que, si como tantos conservadores sostienen, el Estado es una institución natural que existe para proveer el bien común, entonces también ese Estado tiene derecho a un trozo de nuestras ganancias para poder desarrollar sus actividades de manera adecuada. Aunque los conservadores tienden a defender firmemente los derechos a la propiedad privada, muchos sostienen que tener propiedad implica tener una función social de la cual otros con más necesidad tienen derecho a reclamar. El mismo Burke admite en *Reflexiones* que «en términos abstractos, tanto el gobierno como la libertad son buenos».

Un liberal que simpatiza con las ideas de Burke respecto de la importancia de las tradiciones y las leyes naturales se tomará en serio estas críticas para intentar conciliarlas con su propia visión. Por eso, dentro del liberalismo vemos exponentes que escriben profusamente sobre liberalismo y cristianismo y sobre liberalismo y conservadurismo. En cambio, los liberales que nos hallamos más comprometidos con el utilitarismo o las visiones más contractuales no encontramos un atractivo real en esas críticas conservadoras.

En lo que respecta a esta autora, la segunda opción es precisamente la razón de existir de la presente obra: no ignorar estas críticas, sino darles respuestas argumentadas desde la perspectiva liberal a lo largo de estas páginas. Como veremos a continuación, en el conservador hay una disposición adversa al cambio.

Cuatro realidades que solo los liberales admitimos con valentía

— La libertad no te garantiza que tomes las decisiones adecuadas. Únicamente te garantiza que nadie las tome por ti.
— No existe mayor democracia que dejar a todos los consumidores votar con su propio dinero, y decidir a quién envían a la quiebra y a quién, al comprarle bienes, premian por su esfuerzo. No hay nada más igualitario que eso, ya que todos en esta vida somos consumidores de algo que no sabemos producir.
— No hay nada más empático hacia la humanidad que luchar por la vida, la propiedad privada y la libertad de la minoría más pequeña que existe en este mundo: el individuo.
— El gobierno limitado por un Estado de derecho es el único sistema que defiende al individuo de la tiranía de un dictador o de las mayorías. Sin democracia, la república se vuelve una tiranía de las oligarquías. Y sin república, la democracia es una tiranía de las demagogias. Si ambas no conviven, ninguna de las dos funciona.

Capítulo 3

¿Qué es el liberalismo y quién es liberal?

Liberal es aquel que defiende el respeto irrestricto de los proyectos de vida ajenos porque cree con total convicción en la igual dignidad de los seres humanos sin excepciones, dignidad de la que solo tiene sentido hablar cuando a todos se nos reconoce la libertad y responsabilidad de perseguir nuestros fines y sueños sin dañar a otros y trabajando con los medios de los cuales disponemos. El liberalismo es así la filosofía humanista por excelencia, porque promueve un respeto inquebrantable por la vida, la libertad y la propiedad de las personas a quienes ve como fines en sí mismas y nunca como medios para ser utilizados coactivamente para satisfacer fines o necesidades de otros.

Axel Kaiser,
Fundación para el Progreso

El ideario liberal es un credo evolutivo y reformista, un conjunto de principios para dar respuesta a cuatro exigencias básicas: una sociedad liberal y plural cuyos miembros tienen convicciones diferentes, un Estado que dé cabida a su realidad plurinacional en una estructura armónica y equilibrada; una economía próspera y competitiva capaz de elevar de manera estable las oportunidades y el nivel de vida; y la necesidad de aglutinar esos elementos en una estructura aceptable para todos.

Lorenzo Bernaldo de Quirós,
Por una derecha liberal

Basado en uno similar por LP.org		Adaptado a Latinoamérica
Izquierda	**Centro libertario**	**Derecha**
Economía regulada por el Estado	Libertad personal	Libertad económica	Moralidad regulada por el Estado
Expropiaciones	Política exterior no intervencionista	Defensa nacional robusta	Política exterior agresiva
Prohibición de armas para civiles	Tolerancia por las elecciones pacíficas de otros	Respeto por los derechos de propiedad de otros	Guerra contra las drogas
Caridad Estatal financiada con impuestos	Libertades civiles y privacidad	Derecho al porte de armas	Espiar las comunicaciones
Trato especial a minorías selectas	Separación del Estado y la iglesia	Dar generosamente a los necesitados	Trato especial a corporaciones selectas
Dedicado a @crazyglorita	Primera versión. Fecha 23-11-2015		Hecho por @marcosjosemora

Fuente: Partido Libertario de Estados Unidos.

Parafraseando al liberal estadounidense David Boaz en su obra *The Libertarian Mind,* el liberalismo es la filosofía de la libertad. Es la filosofía que en diferentes formas ha inspirado a personas a lo largo de la historia para luchar por su dignidad, sus derechos y su autonomía. Las vidas y las causas de los primeros defensores de la tolerancia religiosa, los primeros oponentes a la monarquía absolutista, los revolucionarios de Norteamérica, las feministas de la primera ola, los abolicionistas de la esclavitud, los opositores al colonialismo y al imperialismo, así como los opositores al nazismo, al fascismo y al comunismo son todos nutrientes de esta filosofía.[27]

Los liberales creemos que las personas somos libres para vivir nuestras vidas como lo decidamos siempre y cuando respetemos esa misma libertad del resto de seres humanos vivos, pues la libertad significa precisamente respetar la autonomía moral de cada persona.

Los liberales defendemos los derechos inalienables de cada individuo y entendemos que estos derechos son tres: derecho a la vida, a la libertad y a la propiedad privada. Son inalienables precisamente porque, como humanidad, hemos reconocido que

27. Boaz, David, *The Libertarian Mind. A Manifesto for Freedom* (Cato Institute, Washington, 1993), p. 1.

cada uno de esos derechos nace con cada individuo antes de que un gobierno esté o no instituido. También son inalienables porque ningún otro individuo tiene que renunciar a un derecho propio para que otro individuo obtenga alguno de estos derechos. Es decir, nadie tiene que renunciar a su propia vida para que otra persona esté viva. Nadie tiene que renunciar a su libertad para que otra persona sea libre de expresarse, de moverse, de decidir. Nadie tiene que renunciar a sus pertenencias, ni al trabajo que supone obtenerlas, para que otra persona pueda acumular propiedad privada trabajando por su cuenta.

Los derechos que posee un individuo existen por sí solos sin que otro individuo tenga que otorgárselos ni concedérselos. Esa es la diferencia entre los derechos y las necesidades. Ahora, en el mundo moderno, se han confundido necesidades con derechos. Y por eso ha nacido el derecho a la salud, a la educación o a la vivienda. Y mientras que un liberal diría que el derecho a la educación implica que nadie tiene el derecho a impedirte leer un libro para que te instruyas en cierto conocimiento, y que el derecho a la salud implica que nadie tiene derecho a impedirte acudir a un médico cuando estés enfermo, o que el derecho a la vivienda implica que nadie tiene el derecho a impedirte construir un refugio en tu propiedad, los conservadores, en su gran mayoría en concordancia con los socialistas, te dirían que el derecho a la educación implica que alguien está obligado a costearte los gastos de ir a la escuela; que el derecho a la salud implica que alguien está obligado a costearte los gastos de ir al médico y al hospital; y que el derecho a la vivienda implica que alguien está obligado a costearte los gastos de construir una casa cuando tus recursos son limitados. Y ese alguien que está obligado a costear esas necesidades convertidas en derechos no lo hará de una manera directa entregándoles los recursos a las personas que sean designadas en una lista hecha previamente entre los ciudadanos que recibirán esos derechos y los que pagarán por esos derechos. En lugar de hacer una lista de cooperación individual, los conservadores, al igual que los socialistas, conciben la utilización del Estado como el ente recaudador de fondos que luego está encargado de repartirlos para garantizar esos derechos.

Cuando los liberales apuntamos ante estos dos bandos que, en la práctica, el reparto de estos derechos deviene en corrupción y malversación por parte del Estado, y que el mercado es un sistema mucho más eficiente para asignar estos recursos, tanto los conservadores como los socialistas responden que eso dejará a los más necesitados completamente desamparados y que la solución reside en cambio en mejorar los mecanismos de control dentro del Estado. En la introducción de esta obra hablé sobre mi experiencia en el programa «El Cascabel» en España, donde varios comentaristas afines al Partido Popular, considerado el partido conservador de derechas de este país, me llamaron radical por exponer precisamente que las necesidades convertidas en derechos es lo que ha llevado no solo a España, sino a toda Europa, a un endeudamiento sin precedentes que pronto causará un colapso económico, ya que con las actuales generaciones no se da abasto para sostener la cantidad de subsidios y privilegios que reciben los jubilados del viejo continente.

Y es aquí donde, desgraciadamente, el ciudadano común no ve las diferencias entre liberales y conservadores. Cuando hay un partido conservador en el poder, el votante asume que lo que está imperando es el neoliberalismo y el capitalismo salvaje. El ojo por ojo. Aunque, en realidad, si analizamos el comportamiento de los gobernantes de derecha en el poder en América Latina —Enrique Peña Nieto en México, Iván Duque en Colombia, Mauricio Macri en Argentina, Jimmy Morales en Guatemala, Juan Orlando Hernández en Honduras— o el PP en España, que por sus propias definiciones son «de derecha», no los vemos arremeter con vehemencia contra las prebendas y subsidios impuestos por los partidos socialistas. Las pensiones para jubilados, las bolsas de comida, los bonos para Estados más precarios y hasta las cuotas de discriminación seguían vigentes en estas administraciones.

Por eso, a los liberales, que somos los únicos que en ese péndulo buscamos realmente acabar con el despilfarro, la corrupción y la ineficiencia que generan las políticas colectivistas, producto de convertir necesidades en derechos, nos conviene desligarnos de los conservadores. Como nuestras ideas nunca gobiernan, son las que resultan culpables para las grandes mayorías cuando los conservadores gobiernan sin acabar con las medidas socialistas.

En la visión liberal, todas y cada una de las relaciones humanas deben ser voluntarias, y las únicas acciones que deben ser prohibidas por la ley son aquellas que involucran la iniciación de la fuerza contra aquellos que no la han usado. Estas acciones incluyen el asesinato, la violación, el robo, el secuestro y el fraude.

Hoy en día, el liberalismo es reconocido como movimiento y filosofía políticos, sobre todo en los últimos años del siglo xx y principios del siglo xxi. En mi opinión, es cada vez más escuchado y aceptado tras la decepción que han causado tanto la izquierda como la derecha al gobernar.

El liberalismo y los individuos que lo defendemos desempeñamos un papel muy importante en los debates políticos e intelectuales en varios países. En disciplinas como la filosofía, la ciencia política, la jurisprudencia, la neurociencia, la psicología y la ecología existe hoy una reconocida postura liberal y un gran acervo bibliográfico. Todo esto ha cambiado drásticamente en los últimos cincuenta años. Antes, las ideas liberales tenían poca visibilidad y rara vez éramos tenidos en cuenta. Éramos más bien vistos como unos extremistas radicales que pretendían limitar el Estado separándolo por completo de la economía y de la educación. Y no es que nuestra postura haya cambiado. Más bien, es que los gobiernos de izquierda, con la gran decepción que dejó el socialismo del siglo xxi al gobernar en América Latina, como los gobiernos de derecha, que rehúsan abandonar sus posturas altamente conservadoras y mercantilistas, han abierto un espacio para que los ciudadanos que están buscando nuevas alternativas encuentren en la filosofía liberal un nicho de ideas congruentes que no parten la libertad por la mitad.

En las palabras del costarricense Juan Carlos Hidalgo, del Centro para la Libertad y la Prosperidad Global del Instituto Cato:

Los derechistas conservadores creen que usted es libre de comerciar con quien quiera, cuando quiera, pero no es libre de acostarse con quien quiera. Los socialistas de izquierda creen que usted es libre de acostarse con quien quiera pero no es libre para comerciar con quien quiera cuando quiera. Los liberales, en cambio, creemos que usted como individuo tiene la libertad de comerciar con quien quiera en el país que quiera, y de acostarse con quien usted quiera.[28]

Por lo tanto, el papel del gobierno debe ser precisamente garantizar el respeto a esos tres derechos individuales, y sus funciones deben limitarse a dos: seguridad y justicia. Cuando los gobiernos, en cambio, utilizan la fuerza en contra de sus propios ciudadanos, esos gobiernos violan sus derechos y pierden toda su legitimidad y razón de existir.

El liberalismo, por lo tanto, postula la idea de que los individuos adultos tienen el derecho y la responsabilidad de tomar las decisiones importantes respecto de sus propias vidas. Algunos conceptos claves del liberalismo son:

Individualismo: el individuo es la minoría más pequeña que existe en una sociedad, y si se violan sus derechos, es imposible que esa sociedad prospere.

Derechos individuales: vida, libertad y propiedad privada (que empieza con el cuerpo y la mente de cada individuo).

Orden espontáneo: la mayoría de las instituciones que dan orden a la vida en sociedad no fueron impuestas por un gobierno centralizado ni planificador. Fueron el resultado de la evolución gradual y dispersa de miles de individuos en varias sociedades y culturas. Dentro de estas instituciones, se encuentran el dinero, el lenguaje, la ley y los mercados.

El Estado de derecho: como explica David Boaz en *The Libertarian Mind*, la libertad no es libertinaje ni hedonismo. El liberalismo propone una sociedad libre bajo la ley en donde los individuos son libres de perseguir sus objetivos siempre que respeten los mismos derechos de los demás. El Estado de derecho

28. Hidalgo, Juan Carlos: <https://misesreport.com/libertarismo-rosa/>.

significa que los individuos están gobernados por leyes aplicadas en general y por igual. Leyes que son el producto de la evolución espontánea, no de los caprichos arbitrarios de un dictador.[29]

Gobierno limitado: separación absoluta entre gobierno y economía, gobierno e Iglesia y gobierno y educación, y dejar al gobierno a cargo de las dos únicas funciones necesarias para garantizar el respeto de los derechos individuales: seguridad y justicia.

Mercados libres: para que venga el que quiera a competir sin restricciones ni privilegios. Un sistema donde, si el consumidor no elige comprar tu producto, te vas a la quiebra, sin más.

En un libre mercado verdadero, el gobierno jamás interviene para salvar las espaldas a las empresas en quiebra. Un mercado es libre cuando es libre de monopolios, aranceles, tasas, sobornos, corrupción, burocracia para competir, lobbies y cárteles que negocian privilegios.

Cuando en un país veas restricciones a algunas empresas para entrar a competir; cuando veas impuestos más altos para unos que para otros; cuando veas que el gobierno —y no el consumidor— es quien dicta los precios y quien maneja los recursos, no estás viendo un libre mercado: estás ante un mercantilismo estatal.

Productividad: el derecho a disponer del fruto de tu esfuerzo maximizando tus ganancias mientras disminuyes esfuerzos.

Armonía natural de intereses: puesto que todos los individuos tenemos intereses particulares, es al intercambiar voluntariamente el fruto de nuestros talentos cuando logramos armonía y prosperidad en nuestras sociedades. En nuestra desigualdad de talentos e intereses está nuestra fortaleza, y entre las personas que comercian deja de haber violencia. En palabras de Frédéric Bastiat: «Si los bienes no cruzan las fronteras, las balas lo harán».

El liberalismo contemporáneo es tan solo la más reciente manifestación de un fenómeno cultural, intelectual y político tan antiguo como la modernidad: el movimiento que antes se describió como liberalismo.

29. Boaz, David, *The Libertarian Mind*, p. 43.

Sin embargo, el problema actual de utilizar la palabra «liberal» tiene dos raíces: la primera es que los socialistas del Partido Demócrata estadounidense se apropiaron del término para diferenciarse del conservadurismo de los republicanos. La segunda es que los socialistas latinoamericanos se han adueñado de ciertas banderas de las libertades civiles, como la libertad para abortar, prostituirse, consumir y vender drogas, asociarse en uniones civiles o matrimonios con personas del mismo sexo, vender tus propios órganos, finalizar tu propia tu vida mediante la eutanasia o disponer de tu propio cuerpo como convengas. Obviamente, la izquierda marxista latinoamericana, al apropiarse de estas banderas, buscan utilizar al Estado —es decir, el dinero de los impuestos que todos pagamos— para subsidiar proyectos con los cuales ganan simpatizantes en lo que se conoce como marxismo cultural. En las palabras de Carlos Rodríguez Braun, doctor en Ciencias Económicas de la Universidad Complutense de Madrid: «La propaganda comunista ha cambiado: pasaron de argumentar que eran mejores que el capitalismo a autoproclamarse defensores de los derechos humanos, del feminismo, del medio ambiente, de los indígenas y de todo aquello que se dedicó a masacrar».[30]

Por estas realidades que actualmente nos aquejan, para quienes defendemos la libertad económica y nos movemos en el contexto latinoamericano, europeo y estadounidense en la batalla de las ideas, utilizar la palabra liberal resulta confuso e ineficaz.

Es importante insistir en que el liberalismo actual es tan solo el más reciente capítulo en una muy larga historia que viene nutrida por defensores de la libertad en el mundo occidental desde la tradición anglosajona, pero también desde la escuela de Salamanca y los grandes libertadores y pensadores de América Latina en el siglo XIX. Es también una tradición que se nutre de personas que defendieron la libertad en Asia y África, desde el antiguo filósofo chino Lao-Tse hasta el esclavo liberado Frederick Douglass, pasando por Dambisa Moyo o Muhammad Yunus. Como dijo Anna Julia Haywood Cooper: «La causa de la libertad no es la causa de

---

30. Rodríguez Braun, Carlos, «La magia comunista», Instituto Cato <https://www.elcato.org/la-magia-comunista>.

una raza o una secta, un partido o una clase, es la causa de la humanidad, el derecho de nacimiento de la humanidad».

Entonces, ¿en qué consiste el liberalismo? Esta es una pregunta más compleja de responder, ya que, en la actualidad, las ideologías que mueven el mundo —liberalismo, socialismo, nacionalismo, conservadurismo— pueden ser interpretadas y pensadas de varias maneras. Una aproximación sería ver los varios movimientos políticos que comparten los mismos objetivos o tienen una misma forma o afinidad, lo cual incluye un enfoque en la historia de los partidos políticos, la presión de diversos grupos o la biografía política. Una segunda aproximación puede concentrarse en el desarrollo de conceptos filosóficos e ideas abstractas. Una tercera aproximación puede centrarse en la exploración de la terminología y el lenguaje en que las relaciones públicas se discuten y debaten. Y, por otro lado, puede darse al analizar los textos centrales de la ideología específica para comprender el significado original o la intención de los autores para relacionarlos con diversos contextos políticos y sociales. Finalmente, uno también puede explorar los distintos contextos culturales y la conciencia o mentalidad asociada con una etiqueta política particular.

La intención de todas y cada una de esas aproximaciones es construir un análisis contundente que explique cómo las ideas, movimientos y sistemas filosóficos que existen se han formado y cómo han evolucionado en el tiempo. Estos análisis trazan los orígenes de las ideas, los movimientos y sistemas filosóficos y los relacionan con otros fenómenos históricos que han influido y por los cuales se han ido formando. El objetivo es eludir el problema del anacronismo, de leer el pasado con lentes del presente, ya que es precisamente esa forma infantil de ver la historia la que nos está llevando a la actual dictadura de lo políticamente correcto que pretende censurar la libertad de expresión y el estudio de la historia como es.[31]

31. De esta crisis de lo políticamente correcto que actualmente estamos viviendo hay varios intelectuales afines a las ideas liberales que se han pronunciado al respecto. Entre ellos, el abogado Axel Kaiser, el psicólogo Jordan Peterson, el intelectual Ben Shapiro, el periodista John Stossel y la profesora María Blanco.

Lo que surge con el liberalismo, que interpreta el pasado como cualquier otro sistema de pensamiento, es una narrativa en la cual no descubrimos una explicación de la verdad fija, sino un progresivo descubrimiento de la verdad. Un lento crecimiento que evoluciona eternamente hacia una manera de pensar. En el caso del liberalismo, también descubrimos un patrón de elaboración en el que han florecido estas ideas, seguidas por un período en que fueron abandonadas, ridiculizadas, perseguidas e incluso prohibidas, pero que volvieron a revivir con mayor fuerza ante las generaciones futuras que, al ver el costo de perder la libertad, asumen el más constante costo de vigilarla y preservarla.

Precisamente por lo poco que profundizan los actuales conservadores en los orígenes del movimiento liberal, la mayoría ignora o se empeña en ignorar que el primer contrincante de las ideas liberales no fue el socialismo, sino precisamente el conservadurismo.

La filosofía de la libertad ha tenido varios nombres a lo largo de la historia, pero sus defensores siempre han tenido la misma amenaza común que ha intentado coartar el respeto al individuo, la confianza con que la gente común puede tomar decisiones sabias respecto de su propia vida y un rechazo a quienes han utilizado la violencia para alcanzar sus objetivos.

Con el ánimo de hacer hincapié en esta realidad histórica, e inspirada en los trabajos realizados por el académico inglés Stephen Davies, de la Universidad Metropolitana de Manchester, en su «Introducción a la Enciclopedia del Liberalismo», del intelectual Tom Palmer en su obra *Realizing Freedom*, de la Fundación Atlas, y del académico David Boaz, del Instituto Cato, en *The Libertarian Mind*, te presento a continuación un viaje histórico sobre los orígenes del movimiento liberal.

Advierto al lector de que es precisamente esta falta de análisis histórico la que ha llevado a tantos lobos conservadores a ponerse el traje de ovejas liberales sin que los liberales tengan armas con las que defenderse. Espero que este repaso histórico sirva a quienes quieren separar el liberalismo definitivamente del conservadurismo como ya se encuentra separado del socialismo. Y a quienes les aburra la historia, les recuerdo que siempre resulta más aburrido repetir sus errores por empeñarse en no conocerla.

Para sorpresa de quienes sostienen que las ideas del liberalismo son foráneas y ajenas a la tradición latinoamericana, la primera aparición registrada de la palabra «liberalismo» se produce en España, en 1823, cuando se utilizaron los términos «liberales» o «amantes de la libertad» para describir a quienes apoyaron las reformas constitucionales después de las guerras napoleónicas.[32] Los que se oponían a estos liberales, y que apoyaban el mantenimiento del régimen de los Borbones en España, fueron llamados «serviles». Como señala la *Enciclopedia del Libertarismo*:

> Más adelante, en Francia, el economista Jean-Baptiste Say y sus seguidores empezaron a utilizar el adjetivo «liberal» para especificar que estaban «a favor de la libertad» durante la Restauración borbónica en 1815. En Inglaterra, el término empezó a utilizarse popularmente en el discurso político alrededor de los mismos años. Un ejemplo de ello es el diario *The Liberal*, publicado por Leigh Hunt y Lord Byron. Aunque el término liberal ya era conocido en el siglo XVIII, era generalmente asociado con su antigua definición de «generoso, de corazón abierto»[33] refiriéndose exclusivamente a cualidades del carácter o la personalidad individual.

Los orígenes del liberalismo clásico radican en el período de 1549 hasta finales del siglo XVII. Los cambios que desembocarían en la Ilustración, la Reforma protestante y la Contrarreforma, la Revolución Industrial y la científica provocaron que Occidente adoptara de manera gradual una nueva forma de pensar sobre el mundo y la sociedad humana que proporcionaría una perspectiva radicalmente distinta de la forma providencial heredada del feudalismo, de la Edad Media y del hermetismo al conocimiento. La razón empezó a tomar un papel central, y el ser humano como agente de cambio se convirtió en el protagonista de las

32. Para saber más sobre los orígenes del término «liberalismo» en Occidente, véase Brooks, David L., *From Magna Carta to the Constitution: Documents in the Struggle for Liberty* (Fox & Wilkes, San Francisco, 1993).

33. Davis, Stephen, *The Encyclopedia of Libertarianism* (Sage Publications, Thousand Oaks, CA, 2008), Introducción.

decisiones políticas y económicas más allá de los designios divinos. El conservadurismo aparecería al mismo tiempo como una reacción a esta nueva forma liberal de ver el mundo, mientras que el socialismo, tanto el término como el fenómeno, surgirían posteriormente. Este dato, desgraciadamente, se ha ignorado en los actuales debates.

Además de la revolución en el pensamiento, la forma de hacer la guerra cambió exponencialmente en este período. La «Revolución Militar» hizo la guerra mucho más costosa y dañina de lo que había sido desde la Edad Media.

El resultado de estas dos fuerzas —la reivindicación del individuo y sus derechos y la transformación militar a través de la cual el Estado se negaba a perder poder— fue el absolutismo, tal y como lo describieron Jean Bodin y Thomas Hobbes en su *Leviatán*. A pesar de que en el campo de las ideas se daba más cabida que nunca al poder del individuo para limitar la intromisión del Estado, en la práctica, las instituciones representativas se fueron debilitando mientras crecía un poder centralizado, sobre todo a través de impuestos y tributos.

Como relata el historiador Stephen Davies, los intelectuales y académicos defendieron por toda Europa las ideas antiguas que proclamaban la necesidad de tener gobiernos mixtos y limitados, mientras que los más rebeldes tomaron las armas para defender los límites constitucionales, a veces establecidos por cortos períodos, contra las medidas más déspotas que intentaban imponer los monarcas absolutistas y sus ministros. El poder militar de las nuevas monarquías era tal, que prácticamente todos estos movimientos de resistencia fueron de una u otra forma aniquilados, con solamente dos excepciones: la República Neerlandesa (hoy Países Bajos) e Inglaterra. Ahí, los gobiernos constitucionales sobrevivieron y se convirtieron en la forma establecida. En Gran Bretaña, el suceso responsable de este logro fue la Revolución Gloriosa de 1688-1689.[34]

Los constantes fracasos al defender la soberanía individual de los abusos del Estado provocaron un refinamiento en los ar-

34. *Ibid.*

gumentos utilizados. Surgieron nuevas ideas y exponentes que llegaron a articular el debate entre el gobierno constitucional frente al gobierno absoluto y la tolerancia religiosa y libertad de conciencia frente al Estado clerical.

Al principio, fueron los conservadores quienes defendieron la necesidad de gobiernos constitucionales y una relativa tolerancia religiosa. Un ejemplo surgió en Londres, donde los «Levellers» (los niveladores), basados en las ideas de la propiedad sobre la propia persona (el concepto de *self-ownership*, en inglés) por medio de una colección de ensayos, manifiestos, peticiones y otros documentos, defendieron la importancia de un gobierno constitucional limitado que garantizara la tolerancia religiosa absoluta.[35] La razón por la cual la Common Law inglesa pudo establecerse y sobrevivir en Inglaterra fue que estas ideas no desaparecieron con la restauración de la monarquía en 1660, sino que permanecieron vivas en varios círculos en el exilio del continente, en particular en los Países Bajos y en grupos clandestinos en Londres.

En 1680, con la Revolución Gloriosa, se logró un acuerdo entre las dos facciones políticas de la época —*whigs* y *tories*— y se evitó así una segunda guerra civil. De nuevo, se le da prioridad al gobierno constitucional limitado y a la tolerancia religiosa, esta vez sobre la base de que provenían de una mezcla de posturas conservadoras y progresistas.

Trabajos como *Dos ensayos sobre el gobierno civil* y *Carta sobre la tolerancia* (Tecnos, Madrid, 2012), de John Locke, proveyeron los argumentos a favor de un sistema de gobierno alejado de los asuntos religiosos y dedicado más bien a la protección de los derechos individuales o la propiedad que fueron adoptados y desarrollados por los *whig*, entre ellos figuras como John Trenchard y Thomas Gordon, que en conjunto publicaron una serie de ensayos con el pseudónimo de Cato (Catón) que tendrían gran impacto en el pensamiento de las colonias estadounidenses.

---

35. Para más detalles sobre estos acontecimientos, consúltese Berman, Harold J., *Law and Revolution: The Foundation of Western Legal Tradition* (Harvard University Press, Cambridge, 1983).

Aunque en el siglo XVIII no existía todavía un movimiento autoconsciente, ni un conjunto de ideas sociales, la cantidad de desarrollos intelectuales que se llevaron a cabo determinaron que este fuera el período formativo del liberalismo, cuando la humanidad empezó a contar con un estilo distinto de razonamiento que permeó en los círculos intelectuales y, posteriormente, en los movimientos políticos que luego reformaron las instituciones existentes en varios países.

Cuando se aplicó este razonamiento crítico a las instituciones y creencias existentes —entre ellas la esclavitud, una Iglesia establecida y los sistemas de leyes y gobiernos, que concebían al ciudadano como un sirviente de sus gobernantes— empezó a encontrar opositores entre los miembros de esas instituciones y los promulgadores de dichas creencias. Aquí es donde las facciones conservadoras empezaron a defender el *statu quo* por encima de los cambios que podían derivar en la sociedad como producto de este razonamiento.

Una nueva manera de pensar acerca del bienestar, la riqueza, la productividad y el intercambio vendría a retar a las sociedades estamentales donde la movilidad de sus miembros era casi imposible, ya que desde la Edad Media se establecía que los nobles nacían y morían nobles mientras que los sirvientes nacían y morían en la servidumbre. La economía como acción humana empezó a ir más allá del análisis de los intercambios y manufacturas. Se puso un énfasis en los efectos beneficiosos que produce el comercio entre naciones e individuos y se puso un foco en la conexión que hay entre estos y una manera civilizada de vivir.

La economía política, producida también en los escritos de Adam Smith y otros, presentó por primera vez la idea de que era posible incrementar la riqueza de manera indefinida, lo que desestabilizó la antigua creencia de que el intercambio es un juego de suma cero donde el adinerado siempre gana y el desposeído siempre pierde.[36]

---

36. Henry Hazlitt se refiere a este fenómeno en su obra, y explica que nadie hablaba de la pobreza cuando todo el mundo era pobre. Fue con la aparición repentina de la riqueza y la productividad cuando la pobreza empezó a ser un tema en los contextos económicos.

Como nos explica el historiador Stephen Davies, en el transcurso del siglo XVIII, la Constitución británica se convirtió en objeto de admiración y envidia entre el movimiento filosófico del resto del continente europeo. El gobierno y las políticas británicas eran cada vez más utilizadas como punto de referencia para evidenciar los defectos de los sistemas en otros Estados, sobre todo después de la victoria definitiva de los ingleses sobre los franceses ratificada por el Tratado de París.

En medio de esta admiración por las costumbres británicas que estaban demostrando su eficiencia, surgen entre 1776 y 1789 dos revoluciones que vendrían a transformar la manera de hacer política en el mundo y a dar jaque mate al antiguo régimen: la Revolución francesa y la Revolución norteamericana. Muchas de las ideas vertidas en la Revolución de las Trece Colonias fueron vistas como una puesta en práctica de las ideas vertidas por John Locke años antes de un gobierno limitado cuya función es garantizar los derechos individuales tal y como los describiera Thomas Paine en *El sentido común* (Tecnos, Madrid, 2015) y fueran consagrados en la Declaración de Independencia.[37]

Era la primera vez en la historia de la Humanidad que quedaba por escrito que todos los seres humanos son iguales en dignidad y derechos y se dejaba bien establecida la diferencia entre esos derechos inalienables que nacen con el individuo y lo que hoy son necesidades convertidas en derechos. Y, sobre todo, era la primera vez que un documento político ratificaba el derecho de la búsqueda de la propia felicidad y convertía al individuo en un fin en sí mismo, en lugar de ser un medio para alcanzar los fines de otros.

En Francia, en cambio, las cosas tomaron un giro distinto. En su intento por reformar el gobierno, destruyeron por completo los cimientos de la institucionalidad política que finalizó con el

---

37. Para profundizar en las radicales diferencias entre los principios e ideas de la Revolución estadounidense frente a la francesa, véase: Sandefur, Timothy, *The Conscience of the Constitution: The Declaration of Independence and the Right to Liberty* (The Cato Institute, Washington, 2014).

régimen del terror de Robespierre. La Revolución francesa, a diferencia de la norteamericana, tuvo un enfoque más materialista que teórico. La igualdad que para los norteamericanos, en su declaración de independencia, se refería a igualdad en dignidad y trato para todos los seres humanos, para los franceses se refería más bien a una igualdad material.

Para historiadores como Davies, la segunda mitad del siglo xix constituye el clímax del liberalismo clásico. Buena parte del vocabulario político que hoy utilizamos surgió entonces con nuevos términos y cambios de significado de términos antiguos. Fue aquí donde se desarrolló con plenitud y se consolidó por fin un conjunto de ideas liberales coherente.

Con Revolución Industrial ya en marcha, en 1830 se hacía evidente que se había expandido un proceso de cambio social profundo desde Gran Bretaña a todo el continente. Su primer fenómeno fue un crecimiento económico sostenible y un incremento en la cantidad total de la riqueza y de los estándares de vida de grandes cantidades de habitantes. El crecimiento de las grandes urbes y el desplazamiento de las poblaciones del campo a las ciudades alteraron también la naturaleza de la vida en sociedad que continúa hasta la actualidad.

Por su valoración de la razón, los derechos individuales y los conocimientos económicos, fue el liberalismo clásico el que presentó los mejores análisis para explicar esta reciente y cambiante realidad. Y no solo para explicarla, también para defenderla como una nueva forma de vida que traía más justicia y prosperidad para las grandes masas poblacionales de lo que podían ofrecer las antiguas sociedades estamentales heredadas de la lógica feudal. Así surgieron las primeras propuestas de formas de gobierno y de políticas públicas de la tradición del liberalismo clásico. Davies explica:

En 1830, ya había reconocidos movimientos políticos liberales en cada Estado europeo excepto en Rusia, y el término se conocía en todos los idiomas hablados en el continente europeo. En Estados Unidos, a su vez, surgieron movimientos que abogaron por mayores libertades, como el republicanismo jeffersoniano, el movimiento jacksoniano de 1820-1830 y los movimientos abolicionistas después de 1840.[38]

En Gran Bretaña, surgieron en 1820 nuevos reformadores como Henry Brougham, Sydney Smith, James Mill, Jeremy Bentham y los radicales filosóficos Richard Cobden y John Bright. La abolición de las leyes del maíz y la conversión del Estado de Gran Bretaña al libre comercio representaron un triunfo para el pensamiento liberal. En 1857 se funda el Partido Liberal británico, que incluía entre sus figuras al mayor exponente del liberalismo de esta nación en el siglo xix: William Ewart Gladstone. En Francia estaban los políticos como François Guizot y los «doctrinarios» como Benjamin Constant y Madame de Staël.

Davis señala a Alemania como la nación que tuvo «el movimiento liberal quizá más activo y exitoso fuera de Inglaterra con Karl von Rotteck, Carl Theodor Welcker y Friedrich Dahlmann. Muchos de estos movimientos fueron influidos por grandes figuras de la Ilustración como Immanuel Kant y Wilhelm von Humboldt. Italia, España, Hungría y los Países Bajos tuvieron cada uno sus figuras y movimientos».

Es importante comprender que esta proliferación de las ideas liberales no actuó a nivel nacional y de forma aislada. Fue fruto del vibrante intercambio de ideas entre escritores de varias culturas y nacionalidades que utilizaban los tres idiomas más hablados en la época: inglés, alemán y francés.

Entre los temas en común que intrigaban a estos pensadores estaban la posesión de tierras, las franquicias, la propiedad intelectual y la educación. Para ellos, el liberalismo era apenas un estilo de argumentación y vocabulario que podía utilizarse para un sinfín de propósitos distintos. Y aunque cada pensador utilizaba los recursos del liberalismo para explicar asuntos locales, al examinar en conjunto sus análisis se aprecia la congruencia en sus conclusiones generales, que explican por qué el liberalismo no solo pudo desarrollarse como movimiento político, sino como

38. Sandefur, Timothy, *The Conscience of the Constitution. The Declaration of Independence and the Right to Liberty* (The Cato Institute, Washington, 2014), p. 49.

un conjunto de preceptos filosóficos con mucho que aportar para la forma de vida en sociedad y en el comportamiento individual.

La idea general que ha sobrevivido hasta nuestros días es que la vida económica de la comunidad es dinámica. Y cuando existe un marco de reglas adecuado donde todos los individuos pueden participar en pie de igualdad en esa dinámica económica de acuerdo con su voluntad, se podrá alcanzar el bienestar y la riqueza de la sociedad con menos esfuerzos.

Varias políticas públicas que han llevado a los países que hoy por hoy encabezan los índices de libertad económica y libertad humana en el mundo radican en estos principios liberales de la no interferencia por parte del Estado, la prevalencia de las decisiones privadas (*laissez faire*), el abandono de los proteccionismos y otras restricciones al comercio, así como el apoyo a la libertad de mercado, los impuestos bajos y la frugalidad del gobierno, con una moneda fuerte y estable y la libertad para hacer contratos. Todos estos principios, que están interconectados, es lo que hoy conocemos como libertad de mercado.

Es muy importante que los liberales del siglo XXI recordemos que, aunque estos son postulados económicos, no fueron generalmente defendidos en su época solo por su eficiencia económica, y tal vez por eso tuvieron tanto impacto. Hay que recordar que los argumentos más utilizados por los exponentes del liberalismo fueron de corte moral, ético y filosófico, que hacían hincapié en temas como la autonomía, la responsabilidad individual y la conexión que existe entre el libre intercambio —particularmente el libre mercado entre las naciones— y la paz. Como bien describió Bastiat, las naciones que hacen intercambios entre sí no van a la guerra.

Otra cuestión importante que hay que comprender es que estas ideas no eran en absoluto conservadoras, ni en su época ni ahora. Como hemos visto, estas ideas surgieron para explicar y defender los movimientos científicos, políticos, económicos, sociales y tecnológicos que transformaron la humanidad de una forma sin precedentes desde la revolución agrícola. Por eso fueron ideas sumamente radicales que molestaron a aquellos que estaban cómodamente establecidos en las sociedades estamentales. Más allá de la economía, son ideas que contribuyeron a cuestionar profundamente la relación entre los sexos masculino y femenino, el estatus entre diferentes razas y etnias y la movilidad social entre clases sociales. Inevitablemente, constituyen un ataque directo a los privilegios otorgados por el Estado para ciertas castas, clases, etnias, a la desigualdad social y las injustas divisiones de clases.[39]

Hay que recordar que el liberalismo fue, antes que el marxismo, el primero que presentó una teoría de las divisiones sociales de clase. Quizá la pensadora más prominente del siglo XX que retomó la división de clases desde la perspectiva del liberalismo clásico para someterla nuevamente a debate fue la rusa Ayn Rand con su exitosa novela *La rebelión de Atlas* (Deusto, Barcelona, 2019).

Debido a que el marxismo ha ganado la batalla cultural desde mediados del siglo XX en el mundo occidental, todos los análisis respecto a las clases sociales se asocian a él. Pero lo cierto es que se originaron en los escritos de los pensadores liberales, algo que incluso Karl Marx reconoció.

Obviamente, la premisa fundamental de la teoría de clases liberal es completamente distinta a la marxista. Los liberales del siglo XIX estipularon que existen solamente dos formas de obtener riqueza: produciéndola e intercambiándola, o saqueándola. Para producir e intercambiar riqueza se necesita de la voluntad humana, la persuasión y la negociación, pero también del respeto irrestricto a los derechos de la propiedad privada que cada individuo posee. En cambio, para saquear, es imprescindible el uso de la fuerza, la violencia, el sometimiento de la voluntad del otro y, además, la garantía de poder violar los derechos de propiedad ajena sin ningún tipo de repercusión.

De entre los saqueadores comunes en la sociedad, los liberales identificaron a las clases parasitarias y explotadoras: los aristócratas que recibían permisos de saqueo, el clero que se beneficiaba de las propiedades sin trabajarlas, los rentistas del Estado, los

---

39. Davis, Stephen, *The Encyclopedia of Libertarianism* (Sage Publications, Thousand Oaks, CA, 2008), Introducción.

funcionarios estatales, los dueños de esclavos y cualquiera que recibiera privilegios por parte de las clases gobernantes. Las clases están definidas por la relación cercana o lejana que tengan con las instituciones del poder político. Las clases gobernantes explotadoras son aquellas que usan su acceso al poder político y a la fuerza para enriquecerse a costa de las clases industriales que crean la riqueza. Mientras, las clases productivas e industriales —campesinos, nuevos empleados de fábricas, emprendedores, artesanos, proletarios, mercaderes, académicos, científicos, artistas— tenían una relación distante o inexistente con los gobernantes.

Esta teoría de clases de la corriente liberal puede encontrarse en James Millar en Escocia, y en los autores franceses Charles Comte, Charles Dunoyer, Augustin Thierry o el mencionado Frédéric Bastiat.

Antes de Karl Marx, fue el liberal inglés Herbert Spencer el que describió el proceso de la historia como un movimiento de sociedades militantes, dominadas por relaciones basadas en la fuerza, en la explotación de las clases productivas y la jerarquía. Ese proceso estaba mutando para dar paso a una sociedad industrial marcada por relaciones voluntarias y contractuales. Esta evolución también fue descrita por otro pensador liberal, sir Henry Sumner Maine, como el movimiento en las relaciones sociales y la ley «del estatus al contrato».

De acuerdo con esta teoría, la historia consistía en una sucesión de fases de desarrollo económico y social que culminaban en una última etapa de sociedad industrial y comercial. Cada fase estaba marcada por distintivas relaciones sociales y políticas entre sus individuos. A diferencia del marxismo, que considera la fase industrial como la última que se debe superar para acabar al fin con la lucha de clases, para el liberalismo la llegada a esta fase implica el fin de la lucha de clases y de la opresión, puesto que entonces habrá oportunidad para una mayor movilidad social y el crecimiento exponencial de la riqueza.

Estos pensadores coincidieron en que, a medida que una sociedad progresaba, la esfera de coerción y poder del Estado empezaría a disminuir, puesto que la cooperación voluntaria tomaría su lugar. El poder político solo debería utilizarse para proteger y garantizar los derechos individuales. Así surgieron las concepciones de Estado de derecho y gobierno constitucional que en Alemania desembocaron en la idea del *Rechtsstaat* (el término *Recht* significa en alemán «ley y derecho»), que influyó a toda Europa.

De esta manera, se llegaría a un Estado mínimo e incluso a su desaparición absoluta, como sostuvo el economista Gustave de Molinari o el joven Spencer. Entre los derechos que esta ley reconoce y protege se encuentran el derecho a la libre asociación, al contrato voluntario y a la libertad de conciencia y creencia.

Una de las razones más lógicas para restringir o reducir el poder del gobierno es la íntima conexión que existe entre el poder del Estado y la guerra. Uno de los grandes objetivos de la mayoría de los movimientos liberales era reemplazar la guerra por medidas de arbitraje para resolver disputas entre naciones e individuos. Y como la guerra depende del poder del Estado, limitar ese poder se volvió una tarea crucial para limitar también las posibilidades de más guerras. La abolición de los documentos de identidad y de las restricciones al libre movimiento de individuos eran, por tanto, otro gran objetivo, si se considera que las naciones que cooperan entre sí no solo intercambian bienes y servicios, sino que también permiten el libre flujo de personas.

Otra idea crucial para los liberales era la separación absoluta entre Estado e Iglesia y reservar las creencias al ámbito meramente privado, como una decisión personal donde el gobierno no tiene nada que decir. Algo tan privado y personal como la ropa que uno se ponga o la comida que uno decida ingerir.

Ahora que vivimos en Estados seculares, es difícil imaginar por qué esta separación entre religión y política era tan crucial. Pero debemos recordar que gozamos de dicha secularización gracias, en parte, a estos movimientos liberales y sus luchas, no a los movimientos ni pensadores conservadores que buscaban mantener esa unión.

Fueron los liberales los que insistieron en que al Estado no le corresponde promover una única visión de cuál debe ser la forma buena o correcta de vivir. Hay que recordar que, aunque algunos liberales eran y son ateos, la mayoría no lo eran. Aun así, promovían la separación entre creencias individuales y políticas nacionales.

La idea de la voluntariedad, defendida por el liberalismo como una forma de organización social libre entre individuos, se deriva de las formas de organización social adoptadas por algunas instituciones religiosas, como las Iglesias protestantes de Europa y Estados Unidos. Estas congregaciones que se regulan a sí mismas también se encontraban en algunas denominaciones católicas en España. Esta manera de pensar tuvo implicaciones radicales para los arreglos políticos que abogaron por la descentralización administrativa de los gobiernos.

La voluntariedad también se aplicó en las políticas sociales. El liberalismo concibe la ayuda mutua o la autoayuda colectiva como la solución más eficaz a los problemas sociales. Desgraciadamente, los defensores de la ayuda mutua encontraron cada vez menos eco a medida que se popularizó el *welfare state* o Estado benefactor. Sin embargo, un concepto que sí logró sobrevivir al paso del tiempo fue el de los bancos populares o las uniones de crédito que fueron acuñadas por el gran teórico del voluntarismo, Franz Hermann Schulze-Delitzsch.

La última característica elemental del liberalismo clásico es la concepción particular de la individualidad humana. Hoy en día, esta concepción está respaldada por los descubrimientos científicos que nos han demostrado que cada ser humano poseemos un código genético único e irrepetible. Para la psicología y la neurociencia es cada vez más relevante la autoestima del ser humano y el cultivo de su interés personal. Ese individualismo transformó la cultura y la forma de ver el carácter humano en el siglo XIX. El famoso *dictum* de Acton de que el poder corrompe y el poder absoluto corrompe absolutamente se refería precisamente al impacto del poder en el carácter de aquellos que lo adquieren. Este concepto, que surgió en Alemania bajo el término *Bildung*, se refiere a la formación, desarrollo, cultivo o realización propios. Posteriormente, adquirió un papel central en los debates en Norteamérica y Europa respecto del liberalismo.

Dos trabajos clásicos que resaltan la conexión entre individualismo, libertad y responsabilidad del individuo sobre las consecuencias que generan sus actos libres son *Los límites de la acción del Estado* (Tecnos, Madrid, 2009) de Wilhelm von Humboldt y, más adelante, *Sobre la libertad* (Verbum, Madrid, 2016), de John Stuart Mill, que estuvo sumamente influida por el trabajo de Humboldt.

Libertad significa responsabilidad

Respons-habilidad. La habilidad de responder ante las decisiones que tú mismo tomas es la única forma de medir si eres libre. Todo el mundo quiere libertad. A la que nadie quiere es a su hermana gemela: la responsabilidad. Y sin esa, no hay libertad. ¿Libre para tener sexo? ¿Habilidad para responder ante las necesidades de un hijo? ¿Libre para emborracharte, conducir y matar a alguien? ¿Habilidad para responder y aceptar ir a la cárcel como consecuencia? ¿Libre para comprar? ¿Habilidad para responder al pago de deudas? ¿Libre para actuar? ¿Habilidad para responder ante las consecuencias de tus actos?

Libertad significa responsabilidad. Y quien hace lo que le dé la gana sin hacerse responsable (sin tener habilidad de respuesta ante las consecuencias que él mismo ha generado), lejos de ser libre, es un esclavo de sus pasiones que deposita sus obligaciones en otros, desde sus familiares hasta los burócratas.

Los liberales defendemos una libertad que incluye la económica y la individual. Por eso, los países ejemplares para nosotros son aquellos que encabezan no solo la lista del Índice de Libertad Económica, también el Índice de Libertad Humana Mundial.

La democracia, entendida en los términos de la voluntad y la regla de la mayoría, está notablemente ausente de los conceptos básicos del liberalismo. Ciertamente, mientras el siglo XIX progresaba, muchos liberales clásicos hablaron de la importancia de tener una forma democrática de gobierno. Algunos habían defendido la idea incluso antes, como fue el caso de los jacksonianos y los filósofos radicales ingleses. La actitud de los liberales clásicos hacia la democracia siempre fue ambivalente. Eran conscientes del potencial que tiene una democracia sin límites para lograr la opresión de las mayorías sobre las minorías.

La república sin democracia es una tiranía de las oligarquías, pero la democracia sin república es una tiranía de las demagogias.

En una democracia, las que mandan son las personas. En una república, la que manda es la ley. Eso le quita discrecionalidad al poder.

Capítulo 4

¿Dónde queda la democracia?

Hemos analizado la importancia que los liberales les han dado al gobierno limitado, la autonomía del individuo y sus derechos y la responsabilidad que para ese individuo conlleva ser libre. Dentro de este contexto, ¿qué papel desempeña la democracia dentro de la visión liberal?

Más que un derecho, para los liberales la democracia es una responsabilidad que conlleva deberes u obligaciones. Los liberales no utilizaron los argumentos de Rousseau sobre la soberanía popular y la voluntad general para defender la democracia; la defendieron por ser un útil mecanismo para diluir el poder de las autoridades y proteger a las mayorías de minorías explotadoras.

Sin embargo, para los liberales, la democracia por sí misma no era suficiente. Siempre argumentaron que son necesarias ciertas condiciones previas y que deben prevalecer. Si no existen garantías para los derechos de propiedad privada, independencia económica, educación, autonomía de conciencia por parte de los votantes y una elevada cultura política, la democracia no sirve de mucho. Y eso es precisamente lo que hemos visto en América Latina. Tener sufragio universal cuando los votantes no respetan los derechos individuales a la vida, la propiedad privada y la libertad del resto de ciudadanos ha permitido que la democracia sirva como base para que se enquisten en el poder dictaduras como la de Daniel Ortega en Nicaragua, la de Hugo Chávez en Venezuela, la de Evo Morales en Bolivia y la de Fidel y Raúl Castro en cada elección presidencial que se celebró tras la revolución de 1959. Los liberales también hicieron énfasis no solo en la garantía de los derechos para que la democracia funcione; también en la necesidad de que los votantes tengan un amplio criterio analítico y autonomía de conciencia. Según esta lógica, como he expresado varias veces, es del todo absurdo que los latinoamericanos sigamos esperando que la educación y el juicio crítico y analítico nos vengan de quienes prefieren, para su beneficio, que seamos brutos e ignorantes: los gobernantes.

Antes que el socialismo, el enemigo del liberalismo fue el conservadurismo

> Creemos que el progreso es el descubrimiento de aquello que aún no conocemos y que ese descubrimiento solo puede darse en espacios de profunda libertad. El potencial humano florece únicamente cuando a las personas les resulta posible desplegar libremente su singularidad en un juego espontáneo de colaboración voluntaria y pacífica.
>
> Definición de progreso,
> Fundación para el Progreso de Chile

Con la miseria y la destrucción que el socialismo trajo al mundo en el siglo XX y lo que va del siglo XXI, a muchos liberales se les escapa que, hasta la tercera parte del siglo XIX, los grandes opositores del liberalismo fueron nada más y nada menos que los conservadores de distintas ramas como los realistas y ultras en Francia a favor de perpetuar la monarquía, los *tories* tradicionales en Gran Bretaña, los federalistas y los *whigs* en Estados Unidos y los defensores del «trono y el altar» en la mayor parte de Europa.

Todos estos grupos de pensadores y movimientos conservadores criticaban con hostilidad los cambios que estaba trayendo la modernidad. Mientras que los liberales veían las transformaciones económicas y sociales como beneficiosas, ellos las miraban como destructivas. Y con justa razón. Como ya hemos visto, estas transformaciones acabaron destruyendo la sociedad estamental heredada desde la Edad Media. Los valores liberales como la razón, la libertad, la individualidad y la actitud cosmopolita se oponían fervientemente a principios conservadores que ellos defendían, como la tradición estricta, la autoridad y el particularismo.

Desde este punto de vista, el socialismo puede entenderse como una doctrina intermedia. Si bien el socialismo, al igual que el conservadurismo, critica los cambios que está trayendo la modernidad, tampoco busca regresar a la antigüedad y a la escasa movilidad social de las sociedades aristocráticas o feudales. Según la visión de Marx, las contradicciones y tensiones se podían resolver avanzando a un nivel mayor de organización política y social en el que fuera posible tener los beneficios de la modernidad sin tener que acarrear con sus costos, entre ellos la explotación económica, la marginación, la disrupción social y la pérdida de la comunidad.

Los únicos que realmente vieron a la modernidad con ojos positivos fueron los liberales, y la historia terminaría por darles la razón. Por un lado, los experimentos socialistas no han llevado a la humanidad al paraíso descrito por Marx, y los conservadores tampoco han sido capaces de frenarla para volver a instalar sus privilegios como antes. Hoy vivimos en un mundo interconectado por la globalización, donde los países con mayor libertad económica y humana ofrecen hasta trece años más de vida a sus ciudadanos, y sus habitantes son hasta once veces menos pobres que en los países menos libres del mundo.[40]

Otra doctrina que diferenció al conservadurismo del liberalismo en el siglo xix fue el nacionalismo: la idea de que cada nación debe tener su propio Estado y que la nación es la única base legítima para la formación de un Estado. A pesar de que la con-

---

40. Índice de Libertad Económica de The Heritage Foundation 2018: <https://www.heritage.org/international-economies/commentary/2018-index-economic-freedom>.

ciencia nacional ya existía, solo llegó a tener implicaciones políticas con la llegada de la Revolución francesa y su consolidación en 1815 con la era napoleónica.

Al principio, el liberalismo tuvo una relación cercana con el nacionalismo con figuras como Giuseppe Mazzini en Italia o Alexander Hamilton, Henry Clay y Daniel Webster en Estados Unidos. Estos liberales concibieron la autodeterminación nacionalista como un requisito previo para alcanzar la libertad individual. Irónicamente, los conservadores con una visión más dinámica del Estado eran más hostiles a la concepción de nacionalismo.

Pero, con el paso del tiempo, los liberales se dieron cuenta de que es mucho más difícil limitar un gobierno cuando existe un ferviente nacionalismo y que, en cambio, formas de gobierno como el federalismo eran mucho más eficientes para garantizar los derechos individuales y la autonomía para las minorías. Lord Acton y el húngaro liberal József Eötvös desarrollaron los peligros de un poder soberano justificado por el nacionalismo dentro del Estado. Desgraciadamente, sus advertencias no fueron escuchadas, y la combinación del nacionalismo con la soberanía del Estado sobre el territorio resultaría ser mortal para las ideas y esperanzas liberales, sobre todo en Alemania y Estados Unidos.

La esclavitud, las encomiendas y otras formas de trabajos forzados empezaron a ser abolidas alrededor del mundo. La resistencia a estos cambios vino muchas veces de movimientos imperialistas y colonialistas, con el pretexto del nacionalismo y de la preservación de los Estados occidentales por encima de otras civilizaciones y culturas. Estas instituciones empezaron a ser vistas como reliquias retrógradas ante una incipiente economía global de libre movimiento de bienes, capitales y trabajadores y los avances tecnológicos como el cable transoceánico, la máquina de vapor y el ferrocarril. Irónicamente, fue aquí donde el liberalismo clásico sufrió una serie de derrotas críticas que hicieron que la siguiente generación viera un retroceso completo de las libertades en el mundo.

Otra doctrina que surgió en esta época y que dividió a liberales de conservadores y socialistas fue el feminismo. En su primera ola, a mediados del siglo XIX en Europa y Estados Unidos, como explica Juan Ramón Rallo en el prólogo a la obra de María Blanco *Afrodita desenmascarada*, el feminismo fue una consecuencia lógica de las ideas liberales precisamente por el énfasis que se hace en los derechos y las decisiones individuales. Un mundo que estaba dejando atrás la visión tradicional de la mujer sometida a la familia y a la Iglesia abría un nuevo abanico de posibilidades y oportunidades para el sexo femenino. Hubo muchas destacadas feministas, como Harriet Martineau, Elizabeth Cady Stanton y Josephine Butler, que militaron en el individualismo.

Los movimientos socialistas y conservadores se aliaron contra las luchas feministas liberales de la primera ola. En su obra *Right-Wing Collectivism*, Jeffrey Tucker relata el enfrentamiento que tuvieron estos movimientos contra las luchas laborales para que la mujer pudiera trabajar en horarios nocturnos.[41] Se diseñaron regulaciones en Estados Unidos para sacar a las mujeres de las oficinas y las fábricas y hacerles volver a sus casas con el pretexto de que esto era «lo mejor para ellas, para sus familias, para sus comunidades y para el futuro de la raza humana». Entre 1909 y 1940, cuarenta estados restringieron el número de horas que las mujeres podían trabajar. Cincuenta estados aprobaron nuevas leyes de salario mínimo para limitar que las mujeres pudieran ser contratadas por cantidades menores. También se crearon estipendios para familias de un solo proveedor para incentivar a las mujeres a rechazar la vida comercial, regresar a las labores domésticas y dejar de competir con los hombres por los salarios.

Así como las actuales feministas ven el capitalismo como un sistema opresor de la mujer, las primeras feministas progresistas, por razones morales, veían con malos ojos que las mujeres se incorporaran al mundo laboral. En su hazaña para impedir que las mujeres casadas trabajaran, unieron fuerzas socialistas como Richard T Ely, activistas como Florence Kelley y grupos conservadores y religiosos que también se opusieron.

41. Tucker, Jeffrey, *Right Wing Collectivism*, pp. 101-111.

Fueron entonces las feministas liberales las que alzaron la voz ante estas leyes que lograron el despido de miles de mujeres en Estados Unidos. La Liga de Igualdad de Oportunidades (The Equal Opportunity League) en Nueva York luchó para que este estado aboliera dichas medidas. Estas eran algunas de sus consignas:

> Las verdaderas mujeres trabajadoras no han pedido ni desean la legislación del Estado.
>
> Estas leyes han sido hechas por sectores arrogantes de la sociedad que creen que las mujeres no saben cuidar de sí mismas.
>
> ¿Son las mujeres personas? Las mujeres ya no son súbditas del Estado, y una ley que es inconstitucional para un hombre votante, también lo es para una mujer votante.
>
> Trabajar de noche no es menos injurioso que trabajar de día. Muchas mujeres prefieren trabajar de noche porque los salarios y las oportunidades de crecimiento son mayores y las mujeres con hijos pueden pasar más tiempo con ellos después de la escuela.[42]

Esto demuestra la farsa que las feministas socialistas han vendido acerca del gobierno como el gran liberador de las mujeres. Fue en realidad el mercado, la economía y la lucha de las feministas liberales por no perder estas libertades económicas los que lograron la emancipación de las mujeres en el último siglo y medio. También se comprueba que los conservadores y socialistas, en varios momentos históricos, han sido aliados contra preceptos eminentemente liberales.

Avances y retrocesos del liberalismo en los siglos XIX y XX

Hacia 1860, el mercantilismo y el control gubernamental retrocedieron en Europa dándole paso a varias victorias para el movimiento liberal. El tratado Cobden-Chevalier firmado entre Reino Unido y Francia es un ejemplo.

42. *Ibid.*

En 1861, la unificación final de Italia con el Risorgimento empezó como una causa liberal bajo el liderazgo de Camillo Benso, conde de Cavour. Desgraciadamente, aunque el norte de Italia crecía y progresaba de forma sostenible, en el sur se consolidaron formas retrógradas y reaccionarias debido a la influencia de Giuseppe Garibaldi y su conquista del Reino de las Dos Sicilias. Como «los liberales italianos fueron reducidos a un estatus de minoría permanente en una población profundamente hostil al liberalismo y a los políticos liberales. El conde de Cavour murió inmediatamente después de la unificación y no hubo nadie de su calidad moral para reemplazarlo», explica la *Enciclopedia*.

En Alemania, Prusia avanzó con la agenda liberal con una mayoría en el Parlamento en 1859. El objetivo liberal del *Kleindeutschland*, una Alemania unida y unificada que excluyera a la reaccionaria y absolutista Austria, se vio truncado en 1862, cuando el nuevo mandatario, el káiser Guillermo I, nombró a su ultraconservador aliado y exembajador en París como primer ministro de Prusia: Otto Von Bismarck. Bismarck abandonó el libre comercio e institucionalizó una política de nacionalismo económico basado en las ideas del economista alemán Friedrich List. Este nuevo programa contó con un apoyo gubernamental de gran escala para la incentivación de la industrialización, un patrón muy pronto imitado por el resto del mundo, notablemente en Rusia. Este suceso unió al norte de Alemania bajo el control prusiano por completo, lo que polarizó y dividió a los liberales alemanes en dos partidos: uno a favor y otro en contra de Bismarck. Así, el liberalismo en Alemania sufrió una derrota de la que nunca más se recuperó.

En los países anglosajones en 1874, el primer gobierno reformador de Gladstone fue derrotado en las urnas frente a los conservadores. Los liberales quedaron arrinconados con un programa que proponía acabar con el impuesto sobre la renta y lo reemplazaron por un impuesto al alcohol. Otro retroceso fue la orden de la educación obligatoria estatal bajo el gobierno del propio Gladstone en 1870.

En Estados Unidos, la guerra civil desembocó en la emancipación definitiva de los esclavos, pero a un costo terrible no solo en términos de las pérdidas de la guerra, también en la transformación de la naturaleza de la república. Aunque la visión del Estado articulada por Hamilton, Clay y Webster había triunfado por completo, y el poder del gobierno retrocedió después de la guerra, se habían establecido los precedentes para consolidar un Estado benefactor que empezó por la entrega de pensiones después de la guerra civil. El apoyo gubernamental para construir vías de ferrocarril llevó, en 1887, a la aplicación de la Ley de Comercio Interestatal, que constituyó la primera pieza significativa de legislación regulatoria del comercio con la excusa de proteger a los consumidores.

El hilo conductor de todas estas derrotas para la libertad en Alemania, Inglaterra y Estados Unidos fue precisamente el nacionalismo, la idea de un soberano, de un Estado-nación que actúa para alcanzar un destino y un propósito colectivo.

Después de 1870, los argumentos liberales perdieron buena parte de la raíz de sus contenidos, y se volvieron cada vez más defensivos y conservadores. Se perdió el enfoque en los asuntos económicos a expensas de otros temas que no se estaban debatiendo. Mientras que, a principios y mediados del siglo xix, la mayoría de los artistas, compositores y escritores como Verdi, Stendhal, Hugo, Trollope, Beethoven o Brahms habían sido simpatizantes del liberalismo clásico y sus visiones se veían reflejadas en sus obras, para finales del siglo xix, artistas como Zola, Ibsen y Wagner fueron casi sin excepción hostiles al liberalismo y a la civilización burguesa.

Entre 1880 y 1890 surgieron vigorosos debates en Gran Bretaña y Estados Unidos entre los llamados colectivistas y los individualistas, representados en Gran Bretaña por organizaciones como la Liberty and Property Defence League (Liga por la Defensa de la Propiedad y la Libertad) y la Personal Rights Association (la Asociación por los Derechos Individuales) y ampliamente apoyados por una generación anterior de feministas como Helen Blackburn, Jessie Boucherett y Josephine Butler o, en Estados Unidos, William Graham Sumner, un severo crítico del movimiento del imperialismo después de 1896, autor de ensayos como «La conquista de Estados Unidos por parte de España».

En 1890, surgió así un nuevo liberalismo en Gran Bretaña y el progresismo en Estados Unidos. En Alemania, la nueva variante del liberalismo fue articulada por autores como Friedrich Naumann. Sin embargo, este nuevo liberalismo fue mucho más colectivista que el liberalismo clásico, ya que adoptó el concepto de libertad positiva frente al de libertad negativa, que se refiere a la ausencia de coerción. Este nuevo liberalismo le dio al Estado un papel mucho mayor, tanto en los asuntos económicos como en los sociales. Tampoco definió el desarrollo social como la consecuencia directa de mayores libertades, sino como el resultado de un incremento en la cooperación colectiva. Varios liberales de la vieja guardia presentaron resistencia a estas variantes.

El cambio de significado de estas ideas fue descrito en 1900 por E. L. Godkin en *The Nation*:

> En la política mundial, el liberalismo es una fuerza decadente y casi difunta. La condición del partido liberal en Inglaterra es precaria. Incluso se habla de organizar un partido liberal-imperialista; una combinación de tendencias repugnantes y teorías que son imposibles de conciliar como el fuego y el agua. Por otro parte, hay una facción de los llamados liberales que entienden muy poco de la tradición como para hacer fuerza común con los socialistas. Solamente un pequeño grupo de hombres, viejos en su mayoría, sostiene aún la doctrina liberal, y cuando ellos ya no estén, el liberalismo ya no tendrá nuevos defensores.

En los años posteriores, la descripción de Godkin se materializó y dio la victoria al colectivismo en el debate.

En Estados Unidos, en los últimos años del siglo xix, apareció una nueva forma de conservadurismo fundado por la alianza entre el gobierno y los grandes negocios oligárquicos con privilegios otorgados por el Estado. En 1913, con la ratificación de las Enmiendas 16 y 17 a la Constitución, se introdujeron el impuesto sobre la renta federal y la elección directa para el cargo de senador.

Asimismo, surgió el socialismo como una fuerza política imponente. El imperialismo revivió a gran escala. El militarismo creció y se inició una carrera armamentística sin precedentes que en la década de 1900 convirtió a Europa en un campo armado lleno de fuerzas mutuamente hostiles. Otras ideas que ganaron terreno en ese tiempo fueron la eugenesia y el racismo. Todas estas corrientes estaban íntimamente conectadas y con frecuencia las apoyaban las mismas personas. También crecieron los movimientos a favor de utilizar la fuerza para intentar moldear el comportamiento de los individuos, particularmente en las actividades sexuales y en la ingesta de alcohol.

Todas estas medidas proteccionistas, junto con una errada política monetaria, ocasionaron el pánico de 1893, pero como suele suceder, esto benefició más a quienes abogaron por un mayor intervencionismo para corregir las fallas de tanta libertad en el mercado que a quienes pedían menos controles y regulaciones.

En lo que respecta a las relaciones internacionales, los crecientes problemas económicos y fiscales de la Alemania imperial llevaron a la élite alemana a adoptar arriesgadas políticas, hasta que en 1914 estalló la primera guerra mundial que destruyó la civilización liberal que se había construido en el siglo anterior.

Con un saldo de diez millones de muertes, el colapso del sistema monetario internacional, una revolución comunista en Rusia y la antesala de una revolución nacionalsocialista en Alemania que condujo a la segunda guerra mundial, las esperanzas de que florecieran las ideas liberales se vieron soterradas.

Entre 1914 y 1945 quedaron algunos individuos valientes que continuaron hablando en defensa de la libertad, la tolerancia, el libre comercio, el gobierno limitado y la paz, pero en cada país fueron derrotados por quienes abogaron por más colectivismo y más estatismo. Dos ejemplos claros fueron la implementación del Estado benefactor por el propio gobierno liberal: en 1909, la *Defense of the Realm Act* de 1914, la Ley de la Defensa del Reino, que culminó en 1931 con el abandono total del libre comercio y la introducción del *New Deal* de Franklin D. Roosevelt en Estados Unidos.

Los liberales clásicos que sobrevivieron se vieron obligados a aliarse con los conservadores para hacer un frente común de oposición a las formas predominantes de estatismo y socialismo, hasta que en 1945 los liberales clásicos fueron comúnmente descritos como conservadores y ellos mismos adoptaron esta etiqueta. Aun así, las diferencias entre conservadores y liberales perduraron, y los liberales clásicos acuñaron el término *libertarian* o *liberal* para definir su identidad y distinguirse paralelamente tanto del colectivismo como del conservadurismo. Esta resurrección intelectual surgió en gran medida por el trabajo que comenzó a realizarse en la disciplina de la economía.

Durante las décadas de 1920 y 1930, la Escuela Austriaca de Economía, con sus exponentes Ludwig von Mises y Friedrich Hayek, hicieron dos aportaciones vitales al pensamiento liberal. La primera fue la demostración de Von Mises de que una economía puramente socialista era del todo imposible por su incapacidad de comprometerse con la eficacia económica y por ir en detrimento de la acción humana. La segunda fue el orden espontáneo que, a diferencia de la planificación central, es mucho más eficiente para canalizar los recursos en manos de quienes mejor los aprovechan. Von Mises y Hayek contribuyeron a la explicación del ciclo de los negocios y los orígenes de la depresión económica en la política monetaria gubernamental.

Estas posturas generaron ideas contrarias a las que predominaban entre un superávit de ingenieros sociales que, entre su arrogancia de pretender moldearnos a los demás a su exacta imagen y semejanza, y su ignorancia sobre la creación y producción de bienestar y progreso, disputaron cualquier intento de lograr un período sostenible donde se respetaran y garantizaran la vida, la propiedad privada y la libertad a cada uno de los individuos que vivimos en la sociedad.

Después de la segunda guerra mundial, quizá la iniciativa liberal más importante fue la formación de la Sociedad Mont Pelerin en 1948, que fue seguida por la creación de una diversa gama de organizaciones, asociaciones e institutos de investigación.

Los economistas liberales radicados en la Universidad de Chicago desarrollaron una eficaz crítica a las ideas predominantes de despilfarro y endeudamiento impulsadas por John Maynard Keynes y adoptadas por la mayoría de los políticos en Occidente. El gran promotor del libre mercado, Milton Friedman, popularizó estas ideas en programas para la televisión como *Free to Choo-se*. En la década de 1960 se estaban empezando a ver los efectos nocivos de las políticas keynesianas. Como señala tan acertadamente el economista liberal argentino Javier Milei:

> A ningún político lo condecoran por ahorrar. Los condecoran por gastar. Por eso todos los políticos están rodeados de keynesianos. Por eso, cuando tengan a un político muy ladrón, detrás de él habrá un keynesiano. En todo lugar donde hay un político corrupto siempre hay un «economista» keynesiano para darle sustento teórico al mecanismo que permite el robo y el despilfarro.

Con el colapso del comunismo soviético en la década de los noventa, se reivindicaron muchos de los postulados de Von Mises. Hayek se convirtió en uno de los mayores filósofos políticos y sociales del siglo XX, ampliamente reconocido por su elaboración y aplicación de la noción del orden espontáneo y su estudio de las soluciones institucionales al problema del conocimiento disperso, e incluso recibió el premio Nobel de Economía.

James Buchanan y Gordon Tullock emplearon el razonamiento económico para explicar los procesos políticos, y junto con otros académicos crearon la nueva disciplina conocida como el análisis de la Public Choice, de la cual ya hemos hablado.

Los sucesos de los últimos ciento cincuenta años también han dejado su huella en el pensamiento liberal, más notablemente en la inevitabilidad del progreso, que fue una característica central del liberalismo clásico en el siglo XIX, con un concepto más profundo de la mejoría.

Es llamativo que, en las elecciones presidenciales de Estados Unidos de 2015, el Partido Libertario estuvo por primera vez a dos puntos porcentuales de obtener el apoyo necesario para poder participar en el debate televisivo entre la candidata demócrata y el republicano, Hillary Clinton y Donald Trump.

En América Latina caben destacar la candidatura a la alcaldía de Bogotá del liberal Daniel Raisbeck; la formación del Partido Liberal Libertario en Argentina; los escaños obtenidos por el Partido Nuevo, de corte liberal, en el Congreso de Brasil en las elecciones de 2018; la formación del Partido Liberal de Guatemala; y, por supuesto, el creciente interés por nuestras ideas por parte de una población que comienza a ver que la derecha conservadora tradicional y la izquierda colectivista socialista ya no aportan soluciones eficientes para un mundo que requiere líderes que dejen de dividir la libertad, limiten los poderes del Estado y lo separen por completo de la economía y la educación, tal como en su momento se dio la separación entre Estado y religión.

A pesar de todos los cambios que se han producido en los últimos doscientos cincuenta años, los problemas intelectuales y políticos siguen siendo los mismos y se pueden reducir a una pregunta: ¿Cuál es la naturaleza de la modernidad y qué clase de civilización es la que debe existir?

Para responderla, el liberalismo tiene aún mucho que aportar, sobre todo desligándose tanto del conservadurismo como del colectivismo, ya que, como hemos visto, estos dos extremos colectivistas intentan siempre que pueden absorber al liberalismo para sofocarlo.

«¿Por qué en Guatemala hay tanta pobreza?», se preguntó...

Y en su inquietud intelectual, emprendió un viaje autodidacta que lo llevó a través del más riguroso camino, a las ideas de la libertad a través de la economía, la historia y la filosofía.

Inspirado por *Yo, el lápiz* de Leonard Reed, su sed de conocimiento lo llevó incansablemente a buscar respuestas concretas y a posicionarse entre los más respetables héroes de la libertad, tomando un merecido lugar entre Von Mises, Hayek, Coase, Rothbard, Bauer y decenas más. Comprendió que la batalla de las ideas se gana a largo plazo, y en lugar de fundar un partido cuyas ideas nadie entendería, o fundar un periódico que los afines —ya muy pocos— leerían, decidió emprender en un barranco una excepcional universidad que, sin tapujos ni remordimientos, se ha dedicado a difundir los principios éticos, económicos y jurídicos de una sociedad de personas libres y responsables.

En un mundo plagado por la idolatría al Estado y el odio al individuo, por la hipocresía de lo políticamente correcto y el rechazo al debate de ideas, escogí la universidad Francisco Marroquín, simplemente porque ofrecía la carrera que yo quería estudiar. Ni en sueños me habría podido imaginar que esa decisión me iba a cambiar la vida para siempre. Hoy, gracias a él, existe una radio, Libertópolis, e infinidad de *think tanks* y licenciados que en Guatemala están dispuestos a defender la libertad. No me cabe la menor duda de que gracias a esto, nuestro país se ha librado de caer en el socialismo del siglo XXI; gracias a su visión, en cada promoción que se licencia en la Casa de la Libertad hay valientes individuos con las ideas claras que están dispuestos a darlo todo para defender la vida, la libertad y la propiedad.

Yo no tuve el honor de conocer personalmente a Manuel Ayau, más allá de verlo desde lejos en un par de conferencias en mis años universitarios. Pero uno de sus más queridos amigos y compañeros de misión, el rector Giancarlo Ibargüen, en una de sus múltiples llamadas para darme ánimos, me dijo: «Muso estaría enormemente orgulloso de ti. Porque la razón por la que fundó la universidad es para que de ahí salieran personas como tú, que defendieran con pasión los derechos individuales».

Conocí la biblioteca de este maravilloso ser humano y pude ser testigo con mis propios ojos de la dedicación de Muso, reflejada en cada uno de sus libros y en sus apuntes, para acabar con la pobreza en Guatemala. Conocer su biblioteca fue conocer a Muso a través de lo más valioso que tuvo: su mente. Mente inquieta. Mente brillante. Mente curiosa. Mente sedienta.

Ideario de la Universidad Francisco Marroquín en Guatemala.

Creemos firmemente en la capacidad del hombre, precisamente reconociendo la imperfección de todo lo humano, para encontrar mejor su destino en libertad pacífica, y no compelido por la colectividad personificada en el Estado.

Creemos en los derechos individuales. Que la libertad y la propiedad deben siempre ser respetadas, tanto por ser innatas al hombre, como porque así conviene a todo conglomerado social.

No creemos, pues, que exista conflicto alguno entre los derechos individuales y el interés social, como sí podría haberlo entre el interés individual y el interés social general.

Creemos que ni la verdad ni la justicia pueden ser descubiertas contando votos.

Creemos en la democracia, pero estimamos que el sufragio, si bien es un método adecuado para averiguar cuáles son los deseos mayoritarios y para decidir asuntos de procedimiento, no lo es para descubrir la verdad ni la justicia.

Creemos en regímenes de derecho, no de hombres o grupos de hombres, ya constituyan estos una mayoría o una minoría; en gobiernos de derecho basados en reglas abstractas de conducta justa que no discriminen por razón de religión o posición económica y que permitan a los hombres planear sus vidas en la certeza de que los resultados de sus actos, ajustados a la ley, serán respetados.

Creemos en la eficacia del orden espontáneo o cosmos, como lo llamaban los antiguos griegos, en el cual los hombres, actuando libre y pacíficamente, se organizan para alcanzar sus fines materiales y espirituales, frente a un orden diseñado, impuesto o adoptado a propósito y que solo es propio de un negocio, un gobierno o un ejército.

Creemos que solo las personas responsables pueden crear civilizaciones prósperas y pacíficas, y que, donde no hay libertad, no florece la responsabilidad.

> Creemos que solo hay una justicia, la que consiste en darle a cada cual lo suyo y que cualquier calificativo para la justicia tiende a causar conflictos y a destruir la justicia misma.
>
> Creemos que una sociedad pluralista y democrática siempre dará mayores oportunidades de progreso y paz, pues en ella, el único medio de adopción general de ideas es la persuasión, no la imposición; el respeto, y no la violencia.
>
> En una sociedad pluralista, los múltiples y variados experimentos pacíficos tienen un amplio margen para suplir la falta de omnisciencia humana.

Lobos conservadores disfrazados de ovejas liberales

El monstruo se llama «corporativismo mercantilista», no «neoliberalismo capitalista». Y el monstruo les gusta tanto a los colectivistas conservadores como a los colectivistas socialistas. El éxito que los socialistas están teniendo entre la juventud no se debe a sus ideas económicas, sino por su pantomima de que abrazan las libertades individuales.

Existen conservadores que, a pesar de oponerse a la legalización y a la liberación de las drogas, a la legalización de la prostitución, del aborto, de la unión civil y el matrimonio homosexual, de la adopción homoparental, de la venta voluntaria de órganos, de la legalización de la eutanasia, de la libre emisión del pensamiento ateo, de la libre enseñanza de la biología, la evolución y la educación sexual y de la libre movilización de las personas en las fronteras, pretenden llamarse y seguir llamándose «liberales». Yo no soy quién para decir quién es liberal y quién no. Pero no me parece muy liberal que una persona se oponga a todas esas libertades y aun así se empecine en llamarse «liberal», cuando, en realidad, si tenemos en cuenta las lecciones que nos deja la historia, a esa persona le corresponde llamarse conservadora.

Una tarde, en la Ciudad de México, mi amigo Sergio Heer y yo hicimos una «lista de libertades», la manzana de la discordia entre los mismos liberales. Al terminarla, le dije: «¿Es acaso preciso o adecuado estar en contra de todas y cada una de esas libertades, y aun así seguir llamándote liberal? ¿A cuántas de esas libertades puedes oponerte sin perder el «título» de liberal? ¿A tres? ¿A cinco? ¿A ocho? ¿A ninguna?». ¿En cuántos pedacitos puede dividirse la libertad sin que pierda su esencia?

Fue precisamente entonces cuando me di cuenta de que el debate que en siglos anteriores había separado claramente a liberales y conservadores debe retomarse hoy. Hay personas que sienten un gran rechazo hacia estas libertades y se empeñan en formar parte de nuestro movimiento, perjudicándolo gravemente.

No quisiera caer en algo que he criticado desde que iba a la Universidad Francisco Marroquín acerca del elitismo del movimiento liberal y su fascinación por pelearse entre sí para ver quién es más liberal que el otro mientras nuestros países se van a la ruina, absorbidos por el socialismo del siglo XXI o por las rancias oligarquías propulsoras del mercantilismo estatal en nuestros países.

Repartir medallas de «liberal» me parece un juego inútil. Además, para muchos de sus jugadores, soy una «marxista cultural» por no limitarme a defender solo las libertades económicas y osar defender otras libertades individuales. Sin embargo, la realidad histórica del movimiento liberal, y sus claras diferencias con el movimiento conservador, nos hacen plantearnos hasta qué punto, según los que utilizan el término «liberal», pueden ser pisoteadas las libertades individuales. El término «liberal» abarca mucho más que las libertades económicas.

¿Cómo me hice liberal o libertaria?

No soy de derecha porque no soy conservadora moral. No soy de izquierda porque no apoyo que el gobierno controle la economía. Yo soy libertaria. No es ningún secreto que, en Guatemala —y en toda América Latina—, la mayoría está de acuerdo con que «definirse bajo una postura económica y política» es un grave error cometido por cualquiera de «mente cerrada» que «no cuestiona las cosas». Yo no estoy de acuerdo.

Un liberal tiene claro que su vida no le pertenece a nadie más que a sí mismo, y que la vida del resto no le pertenece. Liberal es aquel que defiende el respeto irrestricto de los proyectos de vida ajenos porque cree con total convicción en la igual dignidad de los seres humanos sin excepciones, dignidad de la que solo tiene sentido hablar cuando a todos se nos reconoce la libertad y responsabilidad de perseguir nuestros fines y sueños sin dañar a otros y trabajando con los medios de los cuales disponemos.

El liberalismo es así la filosofía humanista por excelencia, porque promueve un respeto inquebrantable por la vida, la libertad y la propiedad de las personas, a quienes ve como fines en sí mismas, y nunca como medios que puedan ser utilizados coactivamente para satisfacer fines o necesidades de otros.

Los liberales nos oponemos a que el gobierno controle la economía, porque sabemos que el progreso no se decreta desde el escritorio de un burócrata. Entendemos el progreso como el acto de descubrir aquello que aún no conocemos, y que ese descubrimiento solo puede darse en espacios de profunda libertad que permitan a las personas experimentar, equivocarse y aprender mediante la exploración y el perfeccionamiento de la diversidad de talentos y capacidades que estas poseen.

La enorme riqueza intelectual y espiritual que esconden los seres humanos florece únicamente cuando a estos les resulta posible desplegar su singularidad, es decir, cuando son libres de perseguir, sin más limitaciones que el respeto por los proyectos de vida ajenos, sus sueños y fines propios en un juego espontáneo de colaboración voluntaria y pacífica.

¿Se han fijado que ahora los socialistas dicen que nunca se ha dado «socialismo puro» porque los líderes siempre han traicionado los ideales iniciales convirtiéndose en asesinos autoritarios? Mao, Castro, Stalin, Kim Jong-il... Que el socialismo generoso nunca ha sido posible porque los humanos abandonan el sueño hermoso y perfecto. ¡Exacto, ingenuos! ¡Eso es precisamente lo que quienes luchamos por la libertad les hemos tratado de hacer entender todo este tiempo! No existe en la naturaleza humana la capacidad de hacer esa fantasía funcionar. Por eso su maldito experimento siempre termina igual: esclavitud y miseria. ¿Cuántos países más quieren arruinar para convencerse? China, Vietnam, la URSS, Cuba, Venezuela, el Congo, Costa de Marfil...

El ser humano es egoísta por naturaleza. Por eso, cuando les dan poder absoluto a sus dictadores parlanchines, estos acaban corrompiéndose absolutamente. Así que la única forma de que no nos matemos unos a otros es entender que cada uno tiene tres derechos fundamentales: su vida, su libertad y su propiedad, y nadie tiene derecho a terminar con los derechos de otro, ni siquiera en su propio beneficio. Ese es el trabajo de una república.

La economía debe ser libre, para que comercies con quien quieras el producto que quieras en el país que quieras. Sin proteccionismos, monopolios, aranceles, trabas, privilegios o sobornos. ¿Y si te estafan o te roban? El Estado actúa para defender uno de tus derechos: la propiedad privada. ¿Y si te violan o te asesinan? El Estado actúa para enjuiciar y castigar al culpable.

Quien siga sin comprender, que lea *La ley* (Alianza, Madrid, 2005), de Frédéric Bastiat, y así evitará repetir el disparate de que con libre mercado no habrá Estado. La mayoría de gente nunca en su vida se define en cuestiones políticas y económicas porque eso requiere estudio, tiempo y análisis. Es más cómodo quejarse que aportar. Es una cuestión de honestidad intelectual no culpar al libre mercado de las desgracias de economías que están muy lejos de librarse de sus proteccionismos y la intervención estatal.

Se trata de analizar qué decisiones han llevado a las crisis económicas. Se trata de ver que en el mundo la libertad de comercio es la excepción y no la regla. Se trata de entender a la humanidad como una sola especie con el deseo de vivir en libertad.

* * *

Como muchos saben, estudié Ciencias Políticas y Relaciones Internacionales. Eso me obligó a estudiar mucha historia, acontecimientos, fenómenos, índices económicos, comportamientos sociales y diferencias culturales en todas las partes del mundo y en todas las épocas.

La evidencia demuestra que el progreso de la humanidad ha sido mayor en aquellos períodos, naciones y momentos donde se ha respetado la libertad del ser humano para educarse como quiera, para comerciar con quien quiera, para viajar donde quiera y para profesar las ideas que quiera. Donde menos progreso y paz ha habido es en aquellos países que no interactúan comercialmente con otros y donde el ciudadano común no tiene libertad.

No es preciso que me creas: basta con estudiar historia, viajar y preguntarles a los ciudadanos de los lugares a donde uno va: «¿Qué períodos de la historia de tu país han sido los más prósperos?».

Para poder rechazar algo, primero hay que conocerlo. Yo soy liberal porque también me he tomado la molestia de visitar países socialistas, de leer sobre marxismo, de estudiar sobre los gobiernos totalitarios y las consecuencias en sus países. A estas alturas de mi vida, no he encontrado evidencia de que el hombre viva mejor esclavizado por las regulaciones proteccionistas gubernamentales.

No se trata solo de la filosofía de Ayn Rand. Se trata además del progreso de China, de por qué Sócrates se toma la cicuta, de *V for Vendetta*, de *Los juegos del hambre*, de Bastiat y su lucha en Francia por una ley legítima, de la debacle de Estados Unidos a cargo de un socialismo como el de Obama o Roosevelt, del rechazo de Europa

del Este al comunismo, del estudio del colonialismo, de
saber diferenciar el sistema mercantilista del capitalista,
del crecimiento de Colombia y Chile, de la crisis de Irlan-
da, de estudiar el *flat tax* de Estonia, de ver las reformas
modernizadoras de Turquía en el siglo xx, de la búsqueda
de la felicidad de los ciudadanos africanos en Europa, de
la búsqueda de esas mismas oportunidades en nuestros
conciudadanos latinoamericanos. Se trata del estudio y
el análisis de Vietnam, Corea del Norte y Cuba; de ir a
Venezuela a ver con mis propios ojos la escasez. Se trata
de ver la economía, la cultura y el comportamiento humano como partes de un todo y de analizar resultados.
De buscar precedentes en la historia de otras partes que
sirvan de antecedente para no cometer los mismos estúpidos errores.

No solo se trata de que me tragué la pócima de la Universidad Francisco Marroquín y me convirtiese en una
zombi incapaz de razonar. Para contrastar esa experiencia, fui a vivir a Washington, para trabajar en un centro de
análisis: el Instituto Cato. Cuando veía a los *homeless* en
las calles que pedían cigarros, me preguntaba: «¿Y aquí
por qué hay pobres?». Pero, en lugar de especular, investi-
gué para encontrar las razones gubernamentales detrás de
esa pobreza. Y la respuesta la encontraba en todas partes,
menos en el libre mercado que, por cierto, no existe allí.

Más tarde estuve en Bélgica, para estudiar en una de
las cunas del socialismo europeo: la KU Leuven, donde
realicé un máster de Antropología, Culturas y Desarrollo
Internacional. Esta universidad era tan socialista que fue
allí donde se licenció el expresidente de Ecuador Rafael
Correa. Fue en esa universidad donde, en los años setenta,
se desarrolló la Teología de la Liberación que, entre otras
cosas, justificó que muchos sacerdotes fuesen guerrilleros
en América Latina. Así que me atreví a salir de mi zona
de confort, a irme a los extremos y a convivir en un ambiente que rechazaba por completo mis ideas. ¿Cuántas
personas conoces que estarían dispuestas a pasar un año

estudiando un máster en un ambiente donde sus ideas no son aceptadas?

Mis maestros eran amantes de Karl Marx, Lévi-Strauss, Foucault, Ernesto Guevara, el sandinismo, el FMI, el Banco Mundial, las ONG, Greenpeace, Unicef, Rigoberta Menchú, Evo Morales, Hugo Chávez, etc. Detestaban a Ronald Reagan y Margaret Thatcher y la expresión «libre mercado» les provocaba náuseas.

Su solución a la pobreza en el tercer mundo no consistía en mayores fuentes de empleo y progreso, sino en una mayor intervención de nuestros gobiernos, en el proteccionismo y en impedir que las culturas suramericanas se occidentalizaran.

¿Con qué derecho le va a decir un europeo a un indígena que no compre una computadora, porque eso está «matando su cultura»? Tanto derecho tiene una niña a negarse a vestir con huipil y corte, y preferir los tenis y los jeans, como de ser atea en lugar de ser cristiana, aunque la sociedad le diga que es «indígena» y que, como tal, debe actuar de una determinada forma. El mismo derecho que tiene otra niña nacida en la misma comunidad de sentirse orgullosa de vestirse con huipil y corte y ser cristiana por su libre voluntad. Lo importante es que entendamos que cada cual tiene derecho a decidir libremente quién quiere ser, más allá de las etiquetas que la sociedad le imponga.

Después de haberme metido en la boca del lobo, estudié en la Sapienza Università di Roma, donde tuve la oportunidad de trabajar con inmigrantes senegaleses. Ellos me demostraron que, así como los guatemaltecos se van a Estados Unidos a buscarse la vida, los africanos sienten el mismo deseo natural de progresar.

Uno de ellos me dio una gran lección: «Si Europa quiere que África progrese, que deje de mandarle millones de euros en ayuda externa a mi presidente corrupto, que se lo gasta en mausoleos personales y que mejor, me den un visado para poder trabajar aquí. A mí me hace mucha gracia que los europeos donen diez o veinte euros cuando Bono, de U2, organiza un concierto para «salvar África» y ese dinero se va al dictador de mi país. Ese dinero financia sus mausoleos, sus mansiones y la guerrilla con la que mantiene al pueblo sometido. Al final, todo forma parte del sistema que alimenta a los dictadores, quienes causan que los individuos emigren de África para encontrar mejores oportunidades. Si el europeo estuviera realmente interesado en desarrollar África, no me escupiría, no me diría «negro de mierda»; me daría un permiso de trabajo y me dejaría trabajar aquí, porque el dinero que yo gano se va directamente a mi familia. Quiero que el europeo deje de ser hipócrita. Desarrollo es dejar que la gente que aporte al país pueda trabajar, sean o no inmigrantes. Porque el dinero que yo gano sí aporta al progreso de mi familia».

Estas experiencias fueron las que me llevaron a sostener que la libertad es necesaria para todos, en todos los ámbitos de su vida. Así formé mi propia escala de principios y valores y llegué a ciertas conclusiones:

Soy liberal porque confío más en el potencial de cada individuo para salir adelante que en el de sus gobiernos para poder hacerlo. Y creo en esto porque lo he estudiado e investigado. Porque tengo la certeza de que tú sabes más de ti, y de lo que eres capaz, que cualquier funcionario público.

Soy liberal porque es la única filosofía político-económica que no tiene conflictos con ningún tipo de persona, al margen de su raza, credo, sexualidad, nacionalidad, cultura o costumbres. Ser liberal significa poder relacionarme personal o comercialmente con el mundo y no sentirme culpable por hacerlo.

Me interesa el desarrollo de una nueva generación porque quiero vivir rodeada de poetas, escritores, empresarios, músicos, médicos, jueces, arquitectos, ingenieros, publicistas, astrónomos, deportistas y actores. Ya no quiero vivir rodeada de intolerantes, racistas, mareros, corruptos, tímidos, depresivos y resentidos. Busco un país donde haya oportunidades, no quejas y excusas para tantos problemas.

Nada me ha ayudado tanto a mejorar mi autoestima, formar mi carácter, atenerme a mis principios y valores, y a ampliar mi vocabulario y mis ideas como lo han hecho los libros. Mis actos y yo somos el producto de lo que he analizado, argumentado, debatido y confrontado en lo que he leído.

PARTE II

Conservar, sí.
Pero ¿conservar qué?
Y ¿para qué?

Capítulo 5

Conservar la dignidad del individuo

Friedrich Hayek, en «Por qué no soy conservador», acusa a los conservadores de admirar la autoridad y no entender cómo funcionan las fuerzas económicas. Para ellos, el orden es el resultado directo de la constante atención de las autoridades. Hayek va incluso más allá y dice que los conservadores no carecen de convicciones morales, pero sí políticas, lo que los lleva muchas veces a aliarse con políticos con quienes tienen profundas diferencias morales.

Hayek reconoce que el conservadurismo es una legítima y probablemente necesaria actitud de oposición contra los cambios drásticos, y que desde la Revolución francesa, desempeñó un papel importante en la política de Europa. Hasta que surgió el socialismo, el oponente natural del conservadurismo fue el liberalismo clásico.

El conservadurismo no puede ofrecer alternativas a la dirección en la que nos estamos moviendo. El liberal, hoy —y esto ya lo decía Hayek en 1960—, debe oponerse a las concepciones básicas que la mayoría de los conservadores comparten con los socialistas.[43]

---

43. Hayek, Friedrich, «Por qué no soy conservador», disponible en <https:// www.clublibertaddigital.com/ilustracion-liberal/48/por-que-no-soy-conservador-friedrich-a-hayek.html>.

Han sido los conservadores los que comúnmente han comprometido sus ideales para aliarse con los socialistas. Lo han reconocido Hayek, Rand en su «Obituario del conservadurismo» y hasta Margaret Thatcher cuando se refirió a la actitud complaciente de sus aliados conservadores ante las políticas socialistas imperantes en Reino Unido antes de su llegada como primera ministra.

Hayek nos advierte de que el liberalismo debe ir hacia otro lado, y no permanecer quieto. El liberalismo no es adverso ni a la evolución ni al cambio, como sí lo es el conservadurismo. En lo que respecta al actual comportamiento de los gobiernos en el mundo, existen muy pocas razones para que los liberales quieran preservar las cosas tal como están. Escribía Hayek en 1960:

> No oscurece la diferencia entre liberalismo y conservadurismo el que en Estados Unidos sea posible abogar por la libertad individual defendiendo instituciones tradicionales formadas hace tiempo. Tales instituciones, para el liberal, no resultan valiosas por ser antiguas o americanas, sino porque convienen y apuntan hacia aquellos objetivos que él desea conseguir.

La admiración de los conservadores hacia el crecimiento libre casi siempre se aplica a épocas pasadas. Para ellos, parece que todo lo que se necesita para mejorar la sociedad ya ha sido descubierto:

> Han sido hasta tal punto incapaces de formular una doctrina acerca del orden social, que últimamente, en su deseo de conseguir una base teórica, han tenido que recurrir a los escritos de autores que siempre se consideraron a sí mismos liberales. Macaulay, Tocqueville, Lord Acton y Locke, indudablemente, eran liberales de los más puros.[44]

Por su desconfianza en las teorías y su falta de imaginación respecto de cualquier cosa, excepto aquello que a través de la experiencia se ha demostrado correcto, se priva a sí mismo de las armas que se necesitan para dar la batalla de las ideas.

44. *Ibid.*

Mientras que la postura liberal está basada en la valentía y la confianza, aun cuando sabemos que no podemos predecir hacia dónde nos guiará ese cambio, la postura conservadora se basa en el miedo al cambio y la desconfianza hacia lo nuevo.

Los conservadores están inclinados a utilizar la fuerza del gobierno para prevenir los cambios o para limitar su grado de alcance ante cualquier cosa que sea más valiosa para sus tímidas mentes. Hayek nos recuerda que, a diferencia de los liberales, los conservadores no tienen la fe suficiente en las fuerzas espontáneas de ajuste, que es lo que hace que el liberal acepte los cambios sin mayor aprensión, aun cuando no sabe cuáles pueden ser las consecuencias de estas adaptaciones.[45]

El conservador no se opone al uso arbitrario de la fuerza ni de la coerción siempre y cuando sean utilizados para preservar los propósitos que él considere los correctos. Él cree que si el gobierno está en manos de «hombres decentes», no debe ser restringido por leyes estrictas. Al igual que el socialista, está menos preocupado por el problema de cómo se debe limitar el poder del gobierno que por quién debe tener ese poder. Y, como el socialista, se siente con la autoridad moral para forzar en otros ese mismo valor moral que cree poseer.

Para vivir y trabajar de manera exitosa en convivencia con otros, se requiere algo más que confianza en los propósitos personales que uno tenga. Se requiere un compromiso intelectual con un tipo de orden social donde los individuos tengan la libertad de perseguir otros fines distintos a los propios.

Por eso, para el liberal, ni los ideales morales ni los religiosos son objetos adecuados para ejercer coerción, y ni los conservadores ni los socialistas reconocen esos límites.[46]

El atributo que nos diferencia a los liberales tanto de los conservadores como de los socialistas es que las creencias morales que tienen que ver con aquellos patrones de conducta que no interfieren directamente con la esfera protegida de los derechos individuales de otra persona no justifican el uso de la coerción.

45. *Ibid.*
46. *Ibid.*

Quizá esto explique por qué el socialista arrepentido encuentra una casa espiritual con más frecuencia en el conservadurismo que en el liberalismo.[47]

Mientras que el conservador busca un respeto por la jerarquía, y la protección de quienes ellos consideran que deben estar en la cúspide de la pirámide de esa jerarquía, el liberal no tiene ningún respeto por las jerarquías establecidas de acuerdo con los gustos personales de un grupo. Si bien el liberal reconoce la importancia de las élites en los cambios evolutivos de una sociedad, esa élite debe demostrar su mérito para obtener ese lugar por algo más que por herencia, privilegio o monopolio y acceder a esos estatus concedidos por el Estado bajo las mismas reglas que se aplican al resto.[48]

Los conservadores suelen oponerse a medidas proteccionistas cuando se trata de la industria, pero han apoyado frecuentemente medidas socialistas en la agricultura. Así ha sido en toda América Latina.

La diferencia se ve más fuerte y clara en las distintas actitudes que ambas tradiciones tienen respecto del avance del conocimiento. Aunque el liberal no admite que todo cambio implica progreso, sí reconoce el avance del conocimiento como uno de los pilares del esfuerzo humano, y espera de él las soluciones graduales para los problemas y dificultades que nos toca resolver. Sin preferir lo nuevo solo por ser nuevo, el liberal es consciente de que es parte de la esencia de los logros humanos producir cosas nuevas y está preparado para convivir con ese nuevo conocimiento, le agraden sus efectos inmediatos o no. Advierte Hayek:

> Reconozco que, mortales al fin, también los científicos se dejan llevar por modas y caprichos, por lo que siempre es conveniente recibir sus afirmaciones con cautela y hasta con desconfianza. Ahora bien, nuestra crítica deberá ser siempre racional, y, al enjuiciar las diferentes teorías, habremos de prescindir necesariamente de si las nuevas doctrinas chocan o no con nuestras creencias preferidas. Siempre me han irritado quienes se oponen, por ejemplo, a la teoría de la evolu-

47. *Ibid.*
48. *Ibid.*

ción o a las denominadas explicaciones mecánicas del fenómeno de la vida simplemente por las consecuencias morales que, en principio, parecen deducirse de tales doctrinas, así como quienes estiman impío o irreverente el mero hecho de plantear determinadas cuestiones. Los conservadores, al no querer enfrentarse con la realidad, solo consiguen debilitar su posición. Las conclusiones que el racionalista deduce de los últimos avances científicos encierran frecuentemente graves errores y no son las que en verdad resultan de los hechos; ahora bien, solo participando activamente en la discusión científica podemos, con conocimiento de causa, atestiguar si los nuevos descubrimientos confirman o refutan nuestro anterior pensamiento. Si llegamos a la conclusión de que alguna de nuestras creencias se apoyaba en presupuestos falsos, estimo que sería incluso inmoral seguir defendiéndola pese a contradecir abiertamente la verdad.[49]

Unida a la desconfianza que el conservadurismo siente hacia lo nuevo y lo extraño, está «su hostilidad hacia el internacionalismo y su tendencia al nacionalismo».[50] Aquí se encuentra otra fuente de su debilidad en la batalla de las ideas. Esto no puede alterar el hecho de que las ideas que están cambiando nuestra civilización «no respetan ninguna frontera». El desarrollo de las ideas es un proceso internacional, y solo aquellos que tomen parte activa en la discusión van a poder ejercer una influencia significativa. No es un verdadero argumento decir que una idea es antiamericana o antibritánica o antilatina.

El liberal se diferencia del conservador en su capacidad de admitir lo poco que sabe del mundo, sin aclamar una autoridad superior de conocimiento de un origen sobrenatural donde su razón no llega. Lo que distingue al liberal del conservador no es que uno tenga creencias religiosas y el otro no, sino que el liberal jamás se adjudicaría a sí mismo la posición de imponerle a otros sus creencias religiosas. El conservador sí.

49. *Ibid.*
50. *Ibid.*

Diferencia entre libertades y crímenes

> La ley no tiene por misión regir nuestras conciencias, nuestras ideas, nuestras voluntades, nuestra instrucción, nuestros sentimientos, nuestros intercambios, nuestros dones o nuestros placeres. Su misión consiste en impedir que en estas materias los actos de unos atropellen los derechos de los otros.
>
> FRÉDÉRIC BASTIAT, *La ley*

Aprendamos a diferenciar: un crimen es todo aquello que se comete contra la vida, la propiedad privada y la libertad de otro individuo sin su voluntad ni su consentimiento. Por eso, el asesinato, la trata de personas, el robo, la violación de seres vivos y la pederastia son crímenes.

Pero no es el caso de la drogadicción, el aborto, las relaciones homosexuales, la venta voluntaria de órganos, la prostitución ni la eutanasia, donde los individuos involucrados toman una decisión voluntaria cuyas consecuencias asumen los individuos con su propio cuerpo, sin afectar al cuerpo de un tercer individuo con capacidad de oponerse voluntariamente.

Cuando, como liberales, comprendemos esto, nos damos cuenta de que no se puede utilizar la ley, como hacen muchas veces los conservadores, para regular conductas voluntarias y consensuadas entre individuos adultos; conductas que no pueden catalogarse como crímenes.

Capítulo 6

Conservar la libertad sexual

Existimos debido al sexo. No es algo que temer. Es algo para honrar,
para disfrutar.

SUN BAK, *SENSE8*

El sexo parece haber sido inventado alrededor de hace dos mil millones
de años. Antes de eso, las nuevas variedades de organismos solo podían surgir por la acumulación de mutaciones aleatorias: la selección
de cambios, letra por letra, en las instrucciones genéticas del ADN. La
evolución debió de ser agonizantemente lenta en esta etapa. Con la invención del sexo, dos organismos podían intercambiar párrafos, páginas y hasta libros de su código de ADN, produciendo nuevas variedades listas para selecciones más sofisticadas. Los organismos han sido
seleccionados para dedicarse al acto sexual. Los que no se involucran, se
extinguen rápidamente. Y esto no solo pasa con los microbios de hace
dos mil millones de años. También los seres humanos conservamos hoy
una devoción palpable por intercambiar segmentos de ADN.

CARL SAGAN, *Cosmos*

En la entrada sobre sexualidad de la *Enciclopedia del Libertarismo*, se nos explica que «la sexualidad combina dimensiones
físicas, espirituales y psíquicas, lo que la coloca dentro de los
aspectos más importantes de la personalidad humana. En el
pasado, la sexualidad se comprendía como un acto meramente

instrumental, subordinado hacia otro objetivo que normalmente era la procreación».[51]

Hoy por hoy, fuera de los círculos ultraconservadores, ya no es tabú reconocer que, así como existe el sexo sin procreación, gracias a los avances de la ciencia y la tecnología, también existe la procreación sin sexo. El estudio de la sexualidad va mucho más allá de la procreación. Han sido los sectores conservadores los que durante siglos se han opuesto a hablar abiertamente sobre el análisis y la aceptación de la sexualidad como parte de la esencia humana. Para ellos, el único propósito sigue siendo la procreación, y esto viene ligado a las creencias religiosas.

Aunado a esta restricción, «durante siglos las sociedades occidentales limitaron la sexualidad al matrimonio. En este contexto, los arreglos comerciales como la prostitución, y más aún la homosexualidad, fueron condenados y prohibidos», aunque por supuesto sus prácticas nunca cesaron.[52]

Desde la perspectiva liberal, «todas las formas de expresión sexual están permitidas, siempre y cuando las partes involucradas otorguen su consentimiento voluntario. Esta condición excluye por supuesto el sexo con animales y con niños por ser considerados seres que no pueden expresar una voluntad consciente sobre sus actos o los actos que otros cometan con sus cuerpos».[53]

El sadomasoquismo, el *swinging* o el poliamor son prácticas que se pueden realizar mientras exista consenso entre las partes involucradas. La clave es siempre la voluntad individual.

Por eso, a diferencia de los conservadores que comúnmente se oponen a la legalización de la prostitución, del matrimonio homosexual o de la adopción homoparental, los liberales estamos a favor de la eliminación de cualquier legislación que limite la libertad sexual. No consideramos que ni el Estado ni la sociedad tengan derecho a prohibir las decisiones voluntarias y consensuadas entre adultos. Añade la *Enciclopedia:*

51. *The Encyclopedia of Libertarianism* (Sage Publications, Thousand Oaks, CA, 2008).
52. *Ibid.*
53. *Ibid.*

Los liberales tampoco apoyamos las leyes —que existen en algunos países europeos— que penalizan la libre expresión oral y/o escrita que pueda ofender a una o varias minorías sexuales. La falta de empatía por otras formas de vida distintas a la propia es algo condenable desde el punto de vista liberal, pero la libertad de expresión debe prevalecer y ser tolerada siempre y cuando no se incurra en actos específicos que inciten violencia física.

Para poder hacer un uso responsable de la sexualidad y gozar de ella plenamente, es imprescindible que un individuo cuente con la información adecuada. Por eso, la desinformación y la circulación de mitos sobre la sexualidad entre los jóvenes representa un problema que los liberales debemos afrontar, aunque las sociedades conservadoras decidan obstaculizar el acceso a una adecuada educación sexual:

> Este principio incluye la tolerancia a escritos e imágenes eróticas y también la pornografía. Bajo la lógica del mercado libre, se debe poder disponer de anticonceptivos, porque la libertad sexual tampoco se debería obtener con el costo de un embarazo no deseado. De hecho, la evidencia proporcionada por los países europeos indica que el acceso temprano a métodos anticonceptivos reduce las tasas de abortos, lo cual es un objetivo deseado por la mayoría de la gente. Así como se debe permitir que florezca una amplia gama de actividades sexuales, tampoco debe existir ningún impedimento para promover la castidad como decisión individual. El objetivo general es maximizar la cantidad de alternativas, y la abstinencia es una opción legítima.

Así que los conservadores pueden estar tranquilos, ya que pueden seguir promoviendo sus prácticas y llamar a no tener sexo antes del matrimonio, a no utilizar anticonceptivos en el acto sexual y a defender la castidad entre los miembros del clero católico. Según la *Enciclopedia*:

> Algunos liberales argumentan que los actos sexuales deberían practicarse en privado exclusivamente, pero en última instancia, desde una perspectiva liberal, determinar si puede haber actividades se-

xuales dependerá de la decisión del propietario del lugar donde se lleven a cabo. Las demostraciones públicas de afecto entran en otra categoría. Los homosexuales tienen razón cuando dicen que poseen el mismo derecho que los heterosexuales en esta cuestión.

Recuerdo dos llamadas a la radio, cuando trabajaba en 949 Radio en 2011, de dos chicos homosexuales. El primero me contó indignado que durante el fin de semana les habían pedido a él y a su novio que se fueran del centro comercial Miraflores, en la zona 11 de la ciudad de Guatemala, porque se estaban besando en público. Aproveché su llamada para hablar al aire sobre el tema. ¿Hasta qué punto un recinto privado está en su derecho de expulsar a dos individuos por besarse? Inmediatamente recibí más llamadas de otros radioescuchas. Varios de ellos, heterosexuales, contaban que también los habían expulsado del cine y de ese y otros centros comerciales por besarse con sus parejas. A la conclusión que llegamos es que hay que hacer uso del sentido común. Más allá de si una pareja es homosexual o heterosexual, el respeto por los demás individuos presentes debe establecerse de acuerdo con la atmósfera del lugar. No es lo mismo besarse en una discoteca, en el carnaval de Río de Janeiro o en la Marcha del Orgullo LGBT de la Ciudad de México que hacerlo en un centro comercial, en una iglesia o en un restaurante familiar. Al fin y al cabo, todos poseemos sentido común como para saber hasta qué punto determinadas muestras de afecto pueden ser inapropiadas dependiendo del lugar.

La segunda llamada fue de un chico que vivía con sus abuelos, los cuales no sabían que él era gay. En aquel momento él tenía quince años, y le preocupaba que, si sus abuelos lo descubrían, lo echaran de casa. Mi consejo fue que en ese momento su sexualidad no era la prioridad. Su prioridad era seguir estudiando, conseguir un empleo y ahorrar dinero. Conozco a la sociedad guatemalteca, y tratándose de unos abuelos, era muy probable que, si se enteraban de que era gay, lo echaran de casa. Con lo cual, en vez de por ser gay, tendría que preocuparse por dónde iba a dormir esa noche y qué iba a comer.

Cuento estas anécdotas porque en el mundo de lo políticamente correcto en el que vivimos, donde el marxismo cultural ha tergiversado las prioridades, es importante recordar que la libertad sexual y la tolerancia a la diversidad sexual siempre deben ir acompañadas del sentido común por parte de sus miembros para, ante todo, actuar con inteligencia y tomar así decisiones acertadas en la sociedad.

La ventaja es que en el mundo occidental, la separación entre Iglesia y Estado ha permitido el florecimiento de una sexualidad más abierta para sus individuos. Explica la *Enciclopedia*:

> Durante el siglo XVIII, surgieron varios escritores, como Jean-Baptiste de Boyer, Jean-Charles Gervaise de Latouche y el Marqués de Sade en Francia, que de manera muy vívida enaltecieron los valores positivos de la expresión sexual. En otro ámbito de trabajo, fue el teórico italiano Cesare Beccaria quien por primera vez abogó por eliminar las leyes que condenaban la homosexualidad, por considerarlas poco efectivas. [...] En el siglo siguiente, las feministas abogaron por la necesidad de tener acceso a la apropiada información sexual incluyendo métodos anticonceptivos. En 1908, en su libro *Das Recht über sich selbst* (*El derecho sobre uno mismo*), Kurt Hiller defendió la libertad sexual como parte del derecho que uno posee a controlar su propio cuerpo. También trató temas como el suicidio, el aborto, el incesto y la homosexualidad. Históricamente, el rango de la libertad sexual ha variado bastante. Los límites de lo que ha sido permitido y castigado siempre se han visto influidos por conceptos teológicos, por la promoción de los intereses estatales y por las preocupaciones sobre lo que representa la unidad familiar.

Hoy por hoy, ya se han alcanzado estas conquistas en los países que poseen mayor libertad humana y económica y donde hay una clara separación entre Iglesia y Estado. Sin embargo, en el llamado tercer mundo, donde ni la libertad económica ni la humana son prioridad, crímenes como la mutilación genital femenina, la violación, los abortos clandestinos y la renuencia a enseñar educación sexual siguen estando vigentes. Yo misma vengo de un país en el que, en promedio, dos mil niñas de entre nueve y quince años quedan embarazadas después de haber sido violadas por sus propios padres, abuelos, tíos, hermanos o primos, y donde aproximadamente se practican más de veinte mil abortos clandestinos cada año.[54]

La homofobia también está a la orden del día. Y junto con el machismo, perjudican la adecuada vida sexual. Los liberales sostenemos que todos estos actos deben encontrar oposición desde nuestras trincheras y no ser justificados simplemente como parte de «esas culturas».

En cuanto a las normas establecidas por una sociedad con estándares que solo cumple una minoría, la implementación de la monogamia en la cultura occidental sigue siendo hoy cuestionada. Históricamente, la monogamia ha sido una imposición cultural: una cuestión de intereses políticos, económicos y sociales para resolver disputas entre familias, naciones y feudos. Pero lo cierto es que el 95 por ciento de los seres humanos ha experimentado alguna vez la infidelidad, ya sea porque han sido infieles o porque alguien ha sido infiel con ellos. Estas son las estadísticas que psicoterapeutas expertos en la materia, como Esther Perel, nos aportan.[55] La infidelidad es entonces la regla, no la excepción. Por eso, dice Perel, debemos empezar a tratar el tema como la regla que es, a fin de poder comprenderlo mejor. Varios neurocientíficos están llegando a conclusiones aún más profundas: algunas personas somos más propensas y estamos más necesitadas de descargas fuertes de adrenalina que nos arrojan a comportamientos más impulsivos y de alto riesgo: tirarse en paracaídas, apostar en los casinos, invertir en bolsa de manera arriesgada y, por supuesto, buscar la satisfacción sexual, sentimental y pasional, que deriva en la búsqueda de relaciones sentimentales y sexuales fuera de la pareja.

Ya he dicho en reiteradas ocasiones que una de las mayores características que diferencia a los liberales de los conservadores es que, ante los resultados que la realidad nos demuestra, y las amenazas que dichos resultados pueden representar hacia las instituciones de antaño, los liberales siempre escogeremos las soluciones más eficientes y pragmáticas que dichos resultados

---

54. Instituto Nacional de Estadística de Guatemala.

55. Perel, Esther, «Repensando la infidelidad», TEDtalk. Disponible en <https:// www.youtube.com/watch?v=P2AUat93a8Q&t=4s>.

nos arrojan. En cambio, los conservadores se empecinarán en hacer prevalecer la existencia de sus instituciones cuando consideren que dichos resultados atentan contra ellas.

Por esto, donde la sexualidad es negada, como ocurre con las monjas y los sacerdotes de la Iglesia católica, se producen casos nefastos, injustos y crueles de violación a niños y niñas. Los conservadores, ante esta realidad, se limitan a exigir que sean castigados, mientras los liberales somos capaces de ir mucho más allá y cuestionamos la utilidad de seguir sosteniendo la castidad autoimpuesta de seres que, por naturaleza, somos sexuales. Privados de esa sexualidad de manera artificial, como ocurre con todo lo que se prohíbe, esas personas recurren a la criminalidad de atacar a los seres más inocentes que existen en este mundo: los niños y las niñas, como reflejan miles de casos en todo el mundo, muy bien representados en la película ganadora del Oscar *Spotlight*.

En cuanto a sexualidad humana, existe excelente literatura que nos lleva a comprender la realidad. La Escala de Kinsey, creada por el biólogo Alfred C. Kinsey, estableció por primera vez siete grados diferentes de comportamientos sexuales. Tradicionalmente, se consideraban solo tres: heterosexual, homosexual y asexual. Para determinar dónde se encuentra cada individuo en la escala, se evalúa el historial sexual de una persona. El 0 representa la categoría «exclusivamente heterosexual», y va hasta el 6, que determina la categoría «exclusivamente homosexual». Las categorías entre la segunda y la quinta establecen los diversos grados de bisexualidad. Esta clasificación fue bastante novedosa para su época y fue el primer estudio que plasmó esta existente diversidad.

El primer libro de Kinsey se publicó en 1948 con el título *Conducta sexual en el varón*, seguido en 1953 por *Conducta sexual en la mujer*. Las personas 100 por ciento heterosexuales y las 100 por ciento homosexuales son solo extremos del espectro. En medio, existen muchas variantes de atracción, lo cual no quiere decir que vaya a existir necesariamente una acción que siga al impulso o al deseo.

En el reino de la fantasía de la sexualidad humana, los individuos tenemos pensamientos y deseos que en muchas ocasiones no llevaríamos a la práctica. Ni siquiera controlamos los sueños

Rango	Descripción	Contactos homosexuales (%)	Contactos heterosexuales (%)
0	Exclusivamente heterosexual	0	100
1	Principalmente heterosexual, con contactos homosexuales esporádicos	1-25	99-75
2	Predominantemente heterosexual, aunque con contactos homosexuales más que esporádicos	26-49	74-51
3	Bisexual	50	50
4	Predominantemente homosexual, aunque con contactos heterosexuales más que esporádicos	51-74	49-26
5	Principalmente homosexual, con contactos heterosexuales esporádicos	75-99	25-1
6	Exclusivamente homosexual	100	0
X	Asexual, el individuo no presenta atracción sexual	0	0

que nuestra mente contempla mientras dormimos. Ante esa realidad, es evidente que si es un producto de la naturaleza, y está aquí, debemos comprenderlo, en lugar de reprimirlo.

Llevó más tiempo que las personas se tomaran en serio la idea de que la actividad homosexual es parte de la libertad personal y reconocer a los homosexuales como un grupo de individuos con derechos. Y, por supuesto, los primeros en la historia que llegaron a ese reconocimiento fueron los liberales clásicos. Uno de ellos fue el criminólogo Cesare Beccaria, que en su libro de 1764 *De los delitos y las penas* (Alianza, Madrid, 2014), protestó contra las penas por sodomía. Montesquieu y Voltaire criticaron esa misma criminalización, y Adam Smith dijo que «la sodomía era una cuestión en sí indiferente».

En la década de 1780, el utilitarista Jeremy Bentham escribió un ensayo en el que criticó las leyes contra la homosexualidad que no llegó a publicar en vida. El primer periódico gay en el mundo, *Der Eigene*, lo lanzó en 1896 el anarcoindividualista Adolf Brand, que lo publicó hasta que los nazis lo cerraron en 1933.

Hayek condenó «el tratamiento de la homosexualidad» en *Los fundamentos de la libertad* (Unidad Editorial, Madrid, 2008), publicado en 1960: «Las prácticas privadas entre adultos, aunque sean abominables para la mayoría, no son una materia propicia para la acción coercitiva de un Estado cuyo objetivo debe ser minimizar la coerción». El Partido Liberal fue el primer partido en Estados Unidos que apoyó los derechos de los gays en su programa de 1972.

Los historiadores siempre han señalado el peligro que representa para las minorías en general un gobierno poderoso, constante y expansivo que va truncando las libertades individuales. En su libro *Cristianismo, tolerancia social y homosexualidad* (El Aleph, Barcelona, 1998), John Boswell, historiador de Yale, escribió: «Las personas homosexuales, de hecho, estaban más a salvo en la República romana, antes de que el Estado tuviera la autoridad de castigarlas».

Los liberales respetamos de manera irrestricta el proyecto de vida de los demás. Y la palabra «respeto» es clave, porque es muy superior a «tolerancia». En los temas de orientación sexual, no se trata de «tolerar» algo desagradable, sino de aceptar y valorar formas diversas de vivir. Como lo expresa el economista liberal argentino Iván Carrino, respecto del *El libro negro de la nueva izquierda*, de Agustín Laje y Nicolás Márquez:

¿Desde qué pedestal moral vamos a juzgar las decisiones individuales de los demás? Claro que podemos juzgar moralmente determinados actos, como el robo, la estafa, el asesinato, la corrupción, el acoso... ¿Pero cuándo la elección sexual de una persona se volvió sujeto de ese escrutinio? Ahora bien, en el caso de *El libro negro de la nueva izquierda*, [...] ni siquiera se trata de ser o no liberal. Se trata de tener ciertos códigos. De tener don de gente, de no ser un *bully*, un barrabrava, y de no ridiculizar aquello que nos es ajeno. Finalmente, el libro de Nicolás Márquez no tiene ningún argumento contundente contra la «militancia homosexualista». Es solo un panfleto discriminador, plagado de prejuicios y desbordante de falacias *ad hominem* propias de una revista de chismes. Confío en que —a pesar del éxito de esta obra— ideas tan agresivas y atrasadas no prosperarán en el debate público. Y que, como viene ocurriendo, la sociedad occidental continuará siendo cada vez más inclusiva y respetuosa de la diversidad individual.[56]

---

56. Carrino, Iván, «Los errores de la nueva derecha». Disponible en <http://www.ivancarrino.com/los-errores-de-la-nueva-derecha/>.

Lobos conservadores disfrazados de ovejas liberales al acecho de la libertad sexual en las redes sociales

Como ya he mencionado en varias ocasiones en este libro, los ataques, insultos y falacias *ad hominem* que he recibido por parte de lobos conservadores disfrazados de ovejas liberales han sido tan fuertes, inverosímiles e irracionales como los que he recibido por parte de los izquierdistas socialistas. En noviembre de 2018, un grupo de Facebook denominado «Vía Principios Libertarios»[57] publicó, como es su costumbre, varios memes donde se burlaban de mi condición de «marxista cultural» por defender, entre otras cosas, la diversidad sexual y la libertad que los individuos poseen para practicarla. Lo que sigue es un debate que ejemplifica de manera cabal esa condición de lobos conservadores que se adjudican el término «liberal». Este es el intercambio que mantuvimos Randy Prozac —nótese el uso de pseudónimos, similar a lo que los izquierdistas hacen para esconder su verdadera identidad— y esta autora:

RANDY PROZAC: Gloria Álvarez, ¿la que vendió su alma a los bolcheviques?

GLORIA ÁLVAREZ: Mucha suerte encontrando marxistas que defiendan el capitalismo, el libre mercado y la separación absoluta entre Estado y economía y Estado y educación. Mucha suerte encontrando marxistas que arriesguen la vida por desmantelar a las dictaduras del socialismo del siglo XXI, como hago yo. Mucha suerte encontrando marxistas así.

RANDY: ¿Desmantelaste el socialismo? Yo veo a Venezuela igual.

GLORIA: Yo veo a Venezuela cada día peor. Busca el significado de la palabra *desmantelar*, porque la estás confundiendo con acabar con una dictadura.

RANDY: Demoler, destruir... ¿Insinúas que destruiste al socialismo? Respeto y admiro que hagas tus discursos

---

57. Véase <https://www.facebook.com/groups/Puedeserlibre/>.

en contra del socialismo, pero insinuar que lo «demo-
liste» es demasiado... Ojalá fuera tan fácil. Por otro
lado, defender el marxismo cultural no ayuda en la lucha contra el marxismo, ni su dialéctica minoritaria.

GLORIA: Desarticular una estrategia, desmantelar: literal-
mente, «quitar el mantel que cubre algo». También es
parte de la definición. Y sí, yo he contribuido al desmantelamiento latinoamericano de lo que se esconde
detrás del socialismo del siglo XXI desde 2010. Una
cosa es estar a favor de las libertades individuales, y
otra muy distinta es andar pidiendo subsidios y regalitos keynesianos para los gays, lesbianas, negros, chinos
o pelirrojos. Ningún liberal a favor de las libertades individuales está a favor de esos regalitos. Y los conservadores se empecinan en ignorar esta realidad. Estás
en todo tu derecho de pensar que las libertades solo
son económicas y que el resto no son libertades. Sin
embargo, lo que no ayuda para nada a la causa de la
libertad es estar repitiendo panfletos retrógrados, conservadores y religiosos sin ninguna evidencia racional
ni científica. Sobre todo, en el mundo donde vivimos,
con la generación más abierta a la sexualidad, a una
sola humanidad, a despreciar el racismo, el clasismo, la
xenofobia y el sexismo. Ahora, si ustedes quieren creer
que el futuro es un futuro cristiano, heterosexual, de
rosas blancas y de hombres, créanlo.

RANDY: También los que defendemos a la familia y la tradición, así que me niego a que te lleves todo el crédito
de la contribución en la lucha contra el socialismo del
siglo XXI. Tú tienes poder mediático, es todo. Y llamar
a los conservadores «marxistas» denota poca honestidad intelectual de tu parte.

GLORIA: A las personas que defienden a la familia —acla-
remos que es la familia heterosexual de papá y mamá
en un matrimonio unido. Que, por lo demás, es un
tipo minoritario de familia. Porque hay muchas familias de tíos y tías con sobrinos, de abuelas que crían a

nietos, de dos padres e hijos, de dos madres e hijos. Esa es la realidad de la familia. Sin embargo, los conservadores solo se empeñan en defender a la familia heterosexual— y a la tradición, a esas personas se les llama «conservadores».

RANDY: Si nos empeñamos, los liberales como yo, en defender y promover la familia heterosexual y monógama es porque es el modelo correcto, así como opinamos que el capitalismo es el modelo correcto económico. La relación de *sexus homogenii* (homosexualidad) en la que, aun cuando el objeto de la inclinación sexual siga siendo un ser humano, este objeto varía y la relación sexual deja de ser heterogénea para trocarse en homogénea; esto es, que una mujer satisface su inclinación con una fémina y un hombre con otro hombre. De nuevo, se contradicen aquí los fines de la humanidad, ya que la finalidad de la misma con respecto a la inclinación sexual es la conservación de las especies sin degradar a la persona; sin embargo, en la relación homogénea no se conserva de ningún modo la especie —algo que todavía es posible en el contexto del crimen *carnis secundum naturam*—, sino que únicamente se deshonra la condición humana, degradando a la persona y situándola por debajo de la condición animal. Sin embargo, tú te empeñas en defender el error bajo el nombre de la «libertad», pero sabes muy bien que la libertad absoluta no existe.

GLORIA: Los liberales, por definición, no imponen «modelos correctos». Saben perfectamente que la libertad no implica la perfección y la corrección. La libertad no te garantiza tomar las mejores decisiones. Simplemente, te garantiza que nadie más las tome por ti. En cambio, los conservadores, por definición, imponen un modelo que según su religión y tradición consideran que es el único correcto. Así que si se trata de imponer un tipo de sexualidad y un tipo de familia, estamos hablando de conservadores.

RANDY: Nosotros no imponemos nada, así como tampoco imponemos el modelo económico capitalista. Solo hablamos a favor de él y advertimos modelos incorrectos. ¿No haces tú lo mismo? Pues igual nosotros: somos liberales, aunque le duela a la secta LGBTQ que tanto defiendes.

GLORIA: Ningún liberal promueve una sola forma de sexualidad ni de familia como las «únicas correctas», ni ahora, ni nunca en la historia del liberalismo clásico que, por lo demás, nació como enemigo del conservadurismo mucho antes de que el socialismo fuera consolidado en el marxismo. Lee la historia del movimiento desde 1547 y su desarrollo en España con la Escuela de Salamanca, en Gran Bretaña con los ilustrados escoceses, en Alemania y Francia. Creo que vas a descubrir que en realidad eres un conservador que se está adueñando de un término que ni siquiera conoces plenamente.

RANDY: Tú eres la que vive en el sincretismo y la mentira, intentando amalgamar ideas contradictorias; defiendes el marxismo cultural por un lado, y el *laissez faire* por otro. Nuevamente, corrompes el significado de «libertad» y lo conviertes en libertinaje, pero, si la llevamos al extremo, ni siquiera tú tienes la convicción de que la libertad absoluta exista. O, dime, ¿apoyas la poligamia? ¿Apoyas que un padre se case con su hija cuando ella sea adulta? ¿Apoyas que este tipo de uniones puedan adoptar? ¿Y bien?

GLORIA: Yo no defiendo el marxismo cultural. Defiendo la libertad como el todo que es, que incluye la libertad económica, la libertad de la libre emisión del pensamiento, la libertad de conciencia y creencia, la libertad sexual, la libertad para disponer de tu cuerpo y de tu mente como así te plazca. Al fin y al cabo, para los liberales, te repito, la libertad no garantiza tomar las mejores decisiones. Simplemente, garantiza que nadie tome esas decisiones por ti. Libertad, para los liberales, es responsabilidad sobre las consecuencias de tus actos; es decir, la habilidad de respuesta que tienes después de haber actuado libremente. Y una vez más, al igual que los socialistas cuando les doy datos históricos, hechos y evidencias, en lugar de admitir el origen del movimiento conservador frente al origen del movimiento liberal, en este caso, tú te empeñas en lanzar argumentos *ad hominem* sobre mi persona. Hay una excelente literatura, desde *Los fundamentos de la libertad* de Hayek, hasta *Realizing Freedom* de Tom Palmer, pasando por la propia *Enciclopedia del Libertarismo* que sustentan los argumentos que te estoy dando. La ideología que yo defiendo no divide la libertad. El conservadurismo que tú propones, en cambio, sí lo hace. Entonces, llámense por lo que son: conservadores. Existen muchísimos conservadores capitalistas.

RANDY: Dicho por ti: «Yo no defiendo el marxismo cultural». Luego: «Yo no defiendo el marxismo cultural. Defiendo la libertad como el todo que es, que incluye la libertad económica, la libertad de la libre emisión del pensamiento, la libertad de conciencia y creencia, la libertad sexual». ¿Ves dónde está tu error? Ahí está el sincretismo del que te hablo, y no me empeño en el *ad hominem*; es que es así. ¿Cómo puede ofenderte que te llamen «marxista», cuando es lo que defiendes culturalmente? «Una igualdad sexual», «libertad de sexualidad», ¡libertad absoluta! Por otro lado, dices: «la libertad de la libre emisión del pensamiento, la libertad de conciencia y creencia». Pero te encuentras con un liberal cristiano como yo, y entonces ya me cambias la etiqueta a «conservador». Entiende, Gloria, que nosotros no imponemos nada. Nosotros promovemos la familia tradicional, así como tú promueves el capitalismo. La diferencia radical entre tú y yo es que tú eres liberal de izquierda y defiendes y promueves el error: la relación de *sexus homogenii* (homosexualidad), que atenta contra los fines de la humanidad, ya que su finalidad respecto a la inclinación sexual es la conservación de las especies.

GLORIA: ¿Igualdad sexual? Yo jamás hablé de igualdad sexual. De hecho los únicos que defienden la igualdad sexual son ustedes, que creen que la heterosexualidad debe ser lo único que impere por igual. Yo defiendo la libertad que conlleva la diversidad sexual. Y, por favor, proporcióname las bases científicas que demuestren que la homosexualidad, que siempre ha existido, es una amenaza para la humanidad. Con datos, hechos y evidencias. Escritos religiosos que están basados en la fe no cuentan como datos basados en la lógica, el razonamiento y el conocimiento científico.

RANDY: Creo que en eso podemos estar de acuerdo. Sin embargo, personalmente, encuentro de mal gusto que promuevas una practica reñida con la naturaleza y que atenta contra los fines de la humanidad, pero allá tú.

GLORIA: Nada que existe y es producido dentro de la naturaleza está reñido con la naturaleza. Es parte de la naturaleza. Que sea del agrado de los seres vivos o sirva para su existencia, eso es otra cosa. Los tsunamis y el cáncer son naturales y ambos atentan contra la vida humana. Ahora, la diversidad sexual no es antiética ni asesina por sí misma. Los gustos sexuales no determinan los comportamientos éticos de un individuo sobre el respeto que este individuo tenga por la vida, la propiedad privada y las libertades del resto de individuos. Y estás en tu harto derecho de pensar que es de mal gusto. Como yo estoy en mi derecho de ampararme en la libre emisión de mi pensamiento y en la libre expresión de ese pensamiento.

RANDY: Confundes hechos contingentes con hechos propios de la ética. La homosexualidad es totalmente antiética, en ella no se conserva la especie en ningún modo. Un tsunami no tiene voluntad en sí mismo; el ser humano sí tiene voluntad y control de sus propios actos, de lo contrario no habría voluntad ni libertad y seríamos entonces determinados por impulsos animales, erradicándose así cualquier capacidad de elección o libertad. Acabas de cometer una falacia. La libertad en sí misma es un peligro, y la cosa más horrible, si no se subordina a reglas prácticas. En eso estamos de acuerdo, ¿verdad?

GLORIA: La única regla por la cual la libertad se rige para existir es su hermana gemela: la responsabilidad. Los liberales defendemos por igual la libertad que incluye las económicas y las individuales. Por eso, los países ejemplares para los liberales son aquellos que encabezan no solo la lista del Índice de Libertad Económica, también el Índice de Libertad Humana Mundial.

RANDY: ¡Exactamente! Si la voluntad no se subordina a la razón, y por tanto a reglas prácticas, entonces no hay voluntad, sino únicamente estímulo animal. Eso es lo que le ocurre a un homosexual, Gloria, o a un individuo que se acuesta con la mujer de su amigo. No piensan, no razonan, únicamente se guían «per stimulo». Se deshonra así la condición humana, degradando a la persona y situándola por debajo de la condición animal. Y, sin embargo, tú te empeñas en promover tal condición degradante bajo el nombre de «libertad», cuando sabes bien (como acabamos de concluir ambos y tú también con el comentario que dejaste arriba) que cuando se está bajo la influencia de la inclinación, no se ejerce la libertad de ningún modo, sino que se es esclavo de una inclinación. Por favor, deja de promover el error así. Si tienes un grado de moral, para ya.

GLORIA: Ustedes subordinan la voluntad a la religión, que por definición no es una cuestión de razón, sino de fe.

RANDY: El problema, ahora, es que tú consideras que la religión va contra la razón, lo cual es una equivocación garrafal. Revisa tus premisas. No puedes tildar a la religión de falta de razón, cuando jamás la has estudiado.

GLORIA: La religión es una cuestión de fe, que nada tiene que ver con la razón. No porque yo lo diga. Es así por la misma definición que dan los religiosos. Y quienes subordinan la voluntad a la religión la están subordinado a cuestiones de fe. No de razón.

Capítulo 7

Conservar la familia
(en todas sus presentaciones)

NORA: Al principio, no sabía qué escribir, así que escribí lo primero que me vino a la mente, que fue la historia de una mujer que vivía en una casa como esta y tenía un marido como Thorbaldo. Y vivía en un matrimonio que aparentemente era un buen matrimonio, pero la mujer, mi heroína, se sentía asfixiada. Sentía que no tenía ninguna opción. Que su vida era ser la esposa de su marido y que eso estaba escrito en piedra y que nunca jamás tendría la posibilidad de ser ninguna otra cosa. Nunca. Así que dejó al marido.

ANA MARÍA: Bueno, básicamente escribiste tu propia historia.

NORA: ¡Ay, bueno! Con algunas diferencias, pero sí. Fundamentalmente sobre mí y sobre cómo yo ya no le encuentro ningún sentido al matrimonio. También pienso que las mujeres que no son felices en su matrimonio deberían negarse a cumplir el contrato e irse.

ANA MARÍA: ¡Es terrible decirle eso a la gente!

NORA: En serio. Piénsalo. El matrimonio es cruel. Destruye la vida de las mujeres.

ANA MARÍA: Bueno, a lo mejor en algunos casos.

NORA: Más que en algunos.

ANA MARÍA: Pero el matrimonio hace feliz a mucha gente.

NORA: Eso es debatible. Yo sostengo que la mayoría de las personas sería más feliz sin él.

ANA MARÍA: No puedes decir eso.

NORA: Pues tú no puedes decir lo contrario.

ANA MARÍA: A ver: si el matrimonio fuera tan malo, ¿de veras crees que la gente seguiría casándose, después de todo el tiempo que llevamos sobre esta tierra?

NORA: ¡Ay! Hacemos muchas cosas que no nos hacen bien. Y las hacemos. ¿Por qué? Porque es lo que nuestros padres nos inculcaron desde niños. Nuestros padres, nuestros profesores, nuestras iglesias, nuestros políticos... Todo el mundo nos dice qué necesitamos y nosotros les creemos.

Y esa idea se queda grabada en tu cráneo, pero solo la crees porque es lo que te han dicho toda la vida. Nos dicen: «Es una expresión del amor. Es la máxima expresión del amor [...], aquella a la que todos aspiramos». Pero ¿qué sentido tiene esto? Decir: «Yo te amo, y por lo tanto debes amarrarte a mí y no dejarme nunca y nunca amar a nadie más»; «¡Estás prohibida para todos! ¡Me perteneces!». ¿Me perteneces? Esto es lo que dice el matrimonio. A mí me suena más cruel que amable.

Y además, cuando la gente se casa, dice: «Yo te elijo a ti y te elijo para siempre». Pero ¿quién es ese al que elige? Porque la gente cambia todo el tiempo. La gente se transforma en muchas personas, así que ¿cómo puedes decir que vas a estar con esta persona, cuando esta persona no va a ser esta persona dentro de tres o cinco o diez años? ¡Ah, pero te comprometiste hasta la muerte!

Estás atada a esta persona, con la que ya no quieres estar o está fingiendo ser alguien que ya no es. Yo incluso diría que el matrimonio te hace cambiar. Sí, pero para mal. Porque, antes de casarte, antes de llegar a eso, lo que se hace es seducir al otro. Y esto ¿qué quiere decir? Pues quiere decir mostrar tu «mejor lado», el más amable, el más hermoso, el atractivo... Seduces y seduces hasta que convences al otro de casarte. Y luego ¿qué pasa? Ya no tienes razón para seducir ni para demostrar tu mejor lado. El matrimonio dice que estás comprometida, ligada a esa persona sin importar cómo seas tratada.

Piénsalo: ¿no te parece que eso incita a las personas a tratarse como les dé la gana? ¿A ser tan horribles como les dé la gana? Total, ¡ya no importa, porque estás ahí metida hasta la muerte! Y eso pasa todo el tiempo y la gente vive desolada y sí, sí, sí... ¡Claro que queremos tener momentos íntimos! Conocer a otra persona, amar profundamente a esa persona, estar desnudos con esa persona. Pero ¿acaso necesitamos casarnos para eso? A ver: ¿por qué? ¿Por qué tiene que ser con una sola persona y por el resto de tu vida? Qué triste, ¿no? ¡Y sabemos lo triste que es! Lo sabemos, lo experimentamos y terminamos buscando amor fuera del contrato matrimonial. Pasa todo el tiempo.

Tanto hombres como mujeres. No logramos ser fieles porque, en el fondo, anhelamos algo más. Es lo que nos da sentido para hacer algo, pero lo negamos, y encima nos damos golpes de pecho por no ser capaces de ser algo que nunca fuimos en primer lugar. Yo por eso digo: ¡Que se acabe el matrimonio! ¡Que se acabe! Y se va a acabar, lo sé. Dentro de veinte o treinta años, el matrimonio será cosa del pasado y la gente del futuro nos recordará conmocionada, con absoluto pasmo por lo estúpidos que fuimos. Por ser gente retrógrada, por vivir sometidos a este proceso de autotortura completamente innecesario. Dentro de veinte o treinta años, las personas podrán tener muchas parejas a lo largo de su vida, incluso muchas parejas a la vez. No habrá imposiciones en las parejas, no existirán los celos, porque no habrá motivos para sentir celos por nada. ¿No te parece?

Ana María: Cómo se te ocurre, ¡qué horror! ¡Ir en contra de la naturaleza de esa manera!

Nora: ¿La naturaleza? ¿Qué es la naturaleza?

Ana María: Seguramente hay una buena razón por la cual las cosas son como son. Por la que los hombres son como son. Por la que las mujeres son como son. Así ha sido a lo largo de toda la historia de la humanidad. ¿No crees que probablemente haya una muy buena razón por la cual las cosas son así? Y tú te pones a contradecirlas. Y eso va en contra de la naturaleza. Y va a incomodar mucho a mucha gente.

Nora: Sí, ya lo sé. Por eso, al final, mi heroína en el libro se muere. Tuve que matarla. Si no, jamás mi libro se hubiera publicado.

El diálogo que acabas de leer pertenece a la obra de teatro *Después de Casa de muñecas*. Tuve la oportunidad de verla protagonizada por la talentosísima actriz mexicana Cecilia Suárez. Este libreto se inspiró en *Casa de muñecas,* la obra del siglo XIX de Henrik Ibsen que para su época fue absolutamente revolucionaria. Es considerada una de las primeras puestas en escena del feminismo, y se estrenó por primera vez en Noruega el 21 de diciembre de 1879, en el Det Kongelige Teater de Copenhague en Dinamarca. Nora Helmer, como muchas mujeres en la actualidad, representa la infeliz vida de estar atrapada en una casa, en un matrimonio infeliz sin voz propia. Por eso la obra se llama *Casa de muñecas*, porque vivir así es como vivir como una muñeca que está de adorno. Al final, la protagonista concebida por Ibsen abandona su casa.

El dramaturgo estadounidense Lucas Hnath toma la obra para darle una segunda parte. Se estrenó en Broadway en abril de 2017 y durante 2018 en la Ciudad de México. En ella, Nora, por alguna razón, después de quince años de ausencia, decide volver a la casa del exmarido para reencontrarse con él y sus hijos.

Como ya hemos visto, la visión romántica anclada al matrimonio es en realidad algo muy reciente en la historia de la humanidad. De esa visión se desprende la familia nuclear heterosexual del papá, la mamá, los hijos, el perrito y la cerca blanca de los años cincuenta del mundo de la posguerra.

Si analizamos el desarrollo de la familia como la base de la tribu, nos daremos cuenta de que, en términos evolutivos, nuestro pasado consistió en clanes donde varias mujeres cuidaron de los hijos de todas las mujeres de la tribu. Y que el matrimonio, en la mayor parte de la historia de la humanidad, fue un mecanismo para preservar bienes económicos. Por supuesto, para mantener esos bienes económicos se vuelve imprescindible procrear hijos y asegurar una descendencia que cuide de esos bienes.

Precisamente por eso el celibato masculino ha sido tan útil para preservar los recursos de la Iglesia católica sin que se diluyan generación tras generación. Como el cuerpo de los hombres es independiente de los hijos que traen al mundo, tiene sentido, para asegurar el poderío material del Vaticano, que sean precisamente ellos los que exclusivamente ostenten los cargos de poder dentro de esta milenaria institución. Mientras, las mujeres, si bien pueden participar como monjas, no tienen el privilegio de administrar la riqueza desde las esferas más altas de la jerarquía.

Por eso, en las Iglesias protestantes, a diferencia de la católica, donde los pastores comúnmente están casados y tienen hijos, lo que vemos son más fortunas personales y familiares. Pastores que se enriquecen ellos y sus tribus, en lugar de enriquecer a un símil del Vaticano dentro de las congregaciones protestantes.

La nueva derecha es, como la vieja, y como el liberalismo, antiizquierdista y antimarxista. Sin embargo, ahí se acaban las coincidencias.

Ya vimos que, ante lo que nos demuestra la realidad, los liberales poseemos la capacidad de aceptar esa realidad tal cual es, en lugar de intentar imponer una sola forma y estilo como el único correcto y moral para hacer las cosas, para vivir con tus seres amados, para tener hijos y criarlos.

A diferencia de los liberales, los conservadores sostienen que la única familia válida y cuya supervivencia es imprescindible rescatar es la familia nuclear, heterosexual y monógama. Donde hay un papá, una mamá, y los hijos, y punto.

Sin embargo, tanto en la antigüedad como en la actualidad han existido y existen familias donde hay una abuela y los nietos; un abuelo y los nietos; tíos que se quedan a cargo de sobrinos; o huérfanos que son cuidados por sus vecinos. No existe ningún texto científico ni psicológico que demuestre que crecer en un hogar monógamo y heterosexual tenga mejores resultados éticos y morales que crecer con dos padres hombres heterosexuales, o con dos madres mujeres lesbianas, o con un padre y una madre bisexuales. La moral no depende de los genitales ni del género. La moral depende de las acciones correctas. De inculcarles a los niños el respeto a la vida, la propiedad privada y las libertades del resto de seres humanos.

Eso sí, no por eso los liberales sostenemos que las familias deban recibir subsidios ni privilegios por parte del gobierno. No apoyamos la agenda marxista de buscar recursos del Estado bajo el pretexto de que cualquiera que no sea heterosexual pertenece a una minoría a la cual hay que brindarle recursos económicos para su subsistencia.

Si realmente procuramos buscar la supervivencia y la adecuada existencia de la familia en el siglo xxi, debemos tener en cuenta todos los tipos de familias que existen. No solo aquel que se adecúa a la comodidad de los preceptos predeterminados por la costumbre. Y para quienes les aterre pensar que otras formas de familia puedan pervertir a las juventudes venideras sin reparo alguno les ofrezco a continuación el extracto de una de las conferencias sobre conflicto generacional del médico Ronald Gibson:

> Nuestra juventud gusta del lujo y es maleducada, no hace caso a las autoridades y no tiene el menor respeto por los de mayor edad. Nuestros hijos hoy son unos verdaderos tiranos. No se ponen de pie cuando una persona anciana entra. Responden a sus padres y son simplemente malos. Ya no tengo ninguna esperanza en el futuro de nuestro país, si la juventud de hoy toma mañana el poder, porque esa juventud es insoportable, desenfrenada, simplemente horrible. Nuestro mundo llegó a su punto crítico. Los hijos ya no escuchan a sus padres. El fin del mundo no puede estar muy lejos. Esta juventud está malograda hasta el fondo del corazón. Los jóvenes son malhechores y ociosos. Ellos jamás serán como la juventud de antes. La juventud de hoy no será capaz de mantener nuestra cultura.

Después, el doctor Gibson vio como gran parte de la concurrencia aprobaba cada una de las frases. Esperó unos instantes y después desveló:

> La primera frase es de Sócrates (470-399 a. C.). La segunda es de Hesíodo (720 a. C.). La tercera es de un sacerdote (2000 a. C.). La cuarta estaba escrita en un vaso de arcilla descubierto en las ruinas de Babilonia (actual Bagdad), con más de cuatro mil años de existencia.

Ante el público perplejo, terminó diciendo: «Señoras madres y señores padres de familia, ¡reléjense, que la cosa siempre ha sido así!».

El aborto

> Yo soy católica, pero creo que mi opinión personal es irrelevante, porque más allá de lo que yo piense, el aborto debe continuar siendo legal.
>
> KOLINDA GRABAR-KITAROVIĆ,
> presidenta de Croacia

Hablemos de la realidad tal cual sucede a diario. No pretendamos buscar las mismas utopías que los socialistas: una tierra donde ignoran la realidad que nos presenta la escasez económica, por ejemplo. Un planeta donde los recursos son limitados. Y un mundo donde los seres humanos, por naturaleza, tendemos a buscar y procurar nuestro propio beneficio.

En mi libro *Cómo hablar con un izquierdista*, incluyo una sección donde hablo acerca de que el mayor problema del marxismo es que no se adapta a lo que la realidad nos demuestra, sino que pretende cambiarla. Desde que Karl Marx, en el *Manifiesto del Partido Comunista* y en la *Crítica al proyecto de Gotha*, estableció sin ningún respaldo científico ni psicológico la era de un «nuevo hombre», un hombre sin egoísmo, sin intereses personales, sin amor propio y cuya existencia no era un fin en sí mismo sino en sacrificio en pro de la colectividad, millones de personas en diferentes sociedades y épocas históricas se han empeñado en la creación de este nuevo hombre que jamás ha existido y que jamás existirá. Como resultado, todos los experimentos socialistas terminan en lo mismo: hambre, miseria y muerte. ¿Por qué? Por la necedad de negar la realidad.

El problema es que los conservadores son iguales que los idealistas marxistas. No en los temas económicos, sino en los morales. Se empeñan en ignorar la realidad y establecer dogmas y normas basados en una utopía que no existe. En el tema del aborto, específicamente, todas sus soluciones van siempre encaminadas a la utopía de que este dejará de existir siempre y cuando sea ilegal. Sin embargo, la realidad nos demuestra lo contrario. Las chicas seguirán abortando. Sea legal o no.

De hecho, de los 46 millones de abortos que se producen en el mundo cada año, 24 millones son abortos ilegales. Entre ellos, las 22.000 chicas guatemaltecas que abortan de manera clandestina. La decisión es nuestra: o seguimos creyendo que cerrando los ojos podemos meter los problemas debajo de la alfombra para que desaparezcan, o afrontamos la realidad que, de todas maneras, ocurre en condiciones clínicas poco higiénicas y peligrosas.

Sigamos analizando. De los 46 millones de abortos que se realizan en el mundo al año, los 22 millones que se hacen de forma legal se hacen a tiempo y con pastillas, sin desmembramientos de los fetos. El desmembramiento de fetos se produce en mucha mayor escala en los abortos ilegales, que además se hacen en condiciones precarias, poco higiénicas y que en muchas ocasiones resultan en la muerte de la madre.

Así que, si lo que más les preocupa a los conservadores son los desmembramientos y las prácticas más sanguinarias respecto del aborto, entonces deberían apoyar su legalización. Aquí es donde, como dice el economista argentino Javier Milei, «los datos matan el relato».

El origen de la vida frente al origen de la conciencia

Para los conservadores, que desde la concepción exista vida ya es motivo suficiente para que esta tenga que existir hasta que nazca un cuerpo humano de la madre nueve meses después. Si nos basamos en el origen de la vida, naturalmente que tiene sentido la afirmación de los conservadores. Pero también es verdad que las bacterias, los microbios y otros organismos sin conciencia existen y tienen vida.

Más allá de la existencia de una forma de vida inconsciente, a mí me intriga más el desarrollo de la conciencia humana, y su inicio es algo que la ciencia aún no ha podido determinar con certeza. También hay que desligar la conciencia de la memoria humana. Existen muchos seres humanos cuyo primer recuerdo consciente es a los cinco años. ¿Quiere decir eso que es correcto matar a un niño de cuatro años de edad? Por supuesto que no. Y es algo actualmente penado y castigado por la ley en todos los países del mundo.

Pero como no conocemos aún el origen de la conciencia humana con un dato científico, los países que mantienen la prohibición del aborto lo hacen basándose en el origen de una vida sin conciencia que empieza a existir desde el momento de la concepción.

Sin embargo, el respeto por esa vida inconsciente lo tienen personas religiosas. Pero ¿y los ateos? ¿O los agnósticos? ¿O las mujeres que simplemente no tienen ningún problema con interrumpir un embarazo no deseado? ¿Por qué a ellas debe imponérseles una legislación que no está basada en argumentos científicos, sino en dogmas morales? Ahí es donde entramos en otra disputa.

El origen de la vida frente al derecho a la propiedad privada sobre el cuerpo de la vida ya existente

En el tema del aborto, los conservadores son prácticamente unánimes en su posición: debe ser ilegal. Existen pocas conservadoras católicas, como por ejemplo la presidenta de Croacia —que en el Mundial de Futbol de 2018 se hizo famosa por su belleza, pero también por su intelecto— declaró que, a pesar de que ella es católica, reconoce los beneficios de que en su país el aborto sea legal para que se practique de manera adecuada.[58]

Los liberales, en cambio, estamos divididos en este tema. Según la *Enciclopedia del Libertarismo*, entre los liberales estadounidenses, que es de los únicos que tenemos estadísticas certeras, el 60 por ciento se opone a que el aborto sea legal, frente al 40 por ciento que apoya su legalización.

A diferencia de los seguidores de Agustín Laje y Nicolás Márquez y de esos lobos conservadores disfrazados de liberales, la realidad es que estar a favor de legalizar el aborto no te excluye del círculo liberal. Existen muchos exponentes del liberalismo a favor de su legalización, y a quienes se oponen no se les considera menos liberales.

La jerarquía entre los tres derechos que poseemos los individuos también es objeto de debate entre nosotros. Hay liberales para quienes el derecho a la vida es lo primero. Hay otros para quienes el derecho a la libertad y a la propiedad privada, empezando por el propio cuerpo, prevalecen, y preferirían morir antes que vivir una vida sin libertad y sin propiedad privada.

58. Entrevista a Kolinda Grabar-Kitarović en *Clarín*: <https://www.clarin.com/mundo/kolinda-grabar-kitarovic-presidenta-croacia-pais-aborto-legal-casos-disminuyen_0_HJnfUhKKM.html>.

En lo que sí coincidimos definitivamente todos los liberales es en oponernos a que sea el dinero de tus impuestos el que se use para financiar el aborto, los anticonceptivos, preservativos o pastillas contra la impotencia de otros.

Pero respecto a la discrepancia que existe entre nosotros sobre la prioridad que se le da a la nueva vida (el feto) frente a los derechos de libertad y propiedad que posee la vida ya existente (la madre), resulta válido analizar el tema del aborto desde varias perspectivas. Si la mujer que lleva dentro el feto no tiene propiedad sobre él, ¿qué propiedad tienen sobre ese feto otros cuerpos que no lo llevan dentro?

Insisto: tenemos que actuar basándonos en lo que la realidad nos demuestra. Eso es ser racional. Aspirar a utopías es precisamente lo que tanto critican los conservadores de los socialistas.

Yo creo que cuando se trata de sexo voluntario —no de violaciones—, como de cualquier otra libertad que implica responsabilidad sobre las consecuencias de tus actos, la libertad sexual implica la responsabilidad de las consecuencias de practicar sexo. Es decir: eres libre solo si te haces responsable de las consecuencias de tus actos, como un embarazo.

Por lo tanto, si fue tu libre decisión practicar sexo, sabiendo que una de sus posibles consecuencias es el embarazo, debes hacerte responsable de las consecuencias de tus actos y tener al bebé. Para nosotros, los liberales, libertad es responsabilidad, pero no todos en este mundo asocian ser libres con ser responsables de sus actos. Muchos no ven la relación entre los actos que deciden y las consecuencias que estos generan, ni la responsabilidad de hacerse cargo de ambos. Hay gente que no busca ser libre, porque no le interesa ser responsable de las consecuencias de sus actos. Prefieren que sean otros los que carguen con las consecuencias de sus actos, porque les aterran.

Por eso, como liberal, sé que no todas las mujeres en este mundo tienen por qué tener mi misma escala de valores y principios. Ser liberal también implica el respeto irrestricto por la forma de vida de otros siempre y cuando no interfiera con la mía. Por eso, no cuestiono la realidad que me enseña que muchas no desean hacerse responsables de las consecuencias de practicar sexo.

Hay muchos que traen hijos a este mundo a matarlos de hambre y no llevarlos a la escuela, lo cual es la misma irresponsabilidad que abortar, con la única diferencia de que el dolor que un infante consciente siente al sufrir hambre y abusos constantemente durante años es infinitamente mayor y más cruel que el que pueda sentir un feto en un aborto. Por eso, a pesar de que, en lo personal, creo que abortar es libertinaje y que no sería mi opción, prefiero que el aborto sea legal, para que los abortos no los realicen clandestinamente carniceros y pseudoveterinarios, como pasa en mi país, donde dejan a las niñas medio muertas en condiciones poco clínicas y nada higiénicas. Que la gente crea que las cosas desaparecen cuando son ilegales es falsear la realidad.

El aborto es legal y sin más requisitos que la voluntad de la mujer (dentro de las semanas que prescribe la Organización Mundial de la Salud) en: EE. UU., Canadá, Alemania, Francia, Italia, Países Bajos, España, Suiza, Suecia, Noruega, Grecia, Australia, Austria, Bélgica, Rusia, Portugal, Hungría, Rumania, Singapur, Bulgaria, Croacia, República Checa, Dinamarca, Estonia, Eslovenia, Eslovaquia, Serbia, Ucrania, México, Uruguay, Cuba, Guyana, Armenia, Azerbaiyán, Camboya, China, Georgia, Kazajistán, Kirguistán, Mongolia, Nepal, Corea del Norte, Tayikistán, Turquía, Turkmenistán, Uzbekistán, Vietnam, Albania, Bielorrusia, Bosnia y Herzegovina, Letonia, Lituania, Macedonia, Moldavia, Montenegro, Bahréin, Túnez, Cabo Verde y Sudáfrica.[59]

Acabo este capítulo con un extracto de la entrevista que le hizo la revista *Playboy*, de Hugh Hefner, a la filósofa objetivista Ayn Rand en 1964. Sobra decir que serían muy pocos los conservadores que le concederían semejante entrevista a una publicación de este tipo. Que la disfrutes.

---

59. Pew Research Center: <http://www.pewresearch.org/interactives/global-abortion>.

Entrevista de Alvin Toffler (*Playboy*) a Ayn Rand

PREGUNTA: ¿Se refiere al pecado original?

RESPUESTA: Exactamente. Es el concepto de pecado original que mi heroína, o yo, o cualquier objetivista, somos incapaces de aceptar o experimentar alguna vez emocionalmente. Es el concepto de pecado original lo que niega la moralidad. Si el hombre es culpable por naturaleza, no tiene otra opción al respecto. Si no tiene otra opción, el problema no pertenece al campo de la moralidad. La moralidad pertenece solo a la esfera del libre albedrío del hombre, solo a aquellas acciones que están abiertas a su elección. Considerar al hombre culpable por naturaleza es una contradicción en los términos. Mi heroína sería capaz de experimentar culpabilidad por una acción específica. Solo que, al ser una mujer de alta estatura moral y autoestima, se encargaría de que nunca se sintiera culpable por sus acciones. Ella actuaría de una manera totalmente moral y, por lo tanto, no aceptaría una culpa no merecida.

P. ¿Cree que las mujeres, al igual que los hombres, deberían organizar sus vidas en el trabajo y, de ser así, qué tipo de trabajo?

R. Por supuesto. Yo creo que las mujeres son seres humanos. Lo que es propio de un hombre es propio de una mujer. Los principios básicos son los mismos. No trataría de prescribir qué tipo de trabajo debería hacer un hombre, y no lo intentaría con respecto a las mujeres. No hay un trabajo particular que sea específicamente femenino. Las mujeres pueden elegir su trabajo de acuerdo con su propio propósito y premisas de la misma manera que los hombres.

P. ¿Las relaciones sexuales solo deberían involucrar a parejas casadas?

R. No necesariamente. Lo que el sexo debería implicar es una relación muy seria. Si esa relación debe o no convertirse en matrimonio es una cuestión que depende de las circunstancias y el contexto de las vidas de las dos personas. Considero que el matrimonio una institución muy importante, pero es importante cuando dos personas han encontrado la persona con la que desean pasar el resto de sus vidas, una cuestión de la cual ningún hombre o mujer puede ser determinado de forma automática. Cuando uno está seguro de que la elección de uno es definitiva, entonces el matrimonio es, por supuesto, un estado deseable. Pero esto no significa que cualquier relación basada en menos de la certeza total es incorrecta. Creo que la cuestión de un romance o un matrimonio depende del conocimiento y la posición de las dos personas involucradas y debe dejarse en manos de ellos. O bien es moral, siempre que ambas partes tomen la relación en serio y que se base en valores.

P. En *La rebelión de Atlas*, usted escribió: «Hay dos lados en cada tema. Un lado es correcto y el otro es incorrecto, pero el medio siempre es malo». ¿No se trata de un conjunto de valores en blanco y negro?

R. Ciertamente es así. Abogo más enfáticamente por una visión del mundo en blanco y negro. Vamos a definir esto. ¿Qué se entiende por la expresión «blanco y negro»? Significa el bien y el mal. Antes de que pueda identificar algo como gris, como en el medio de la carretera, debo saber qué es negro y qué es blanco, porque el gris es simplemente una mezcla de los dos. Y cuando has establecido que una alternativa es buena y la otra es malvada, no hay justificación para la elección de una mezcla. No hay ninguna justificación para elegir cualquier parte de lo que sabes que es malo.

P. ¿Entonces cree en los absolutos?

R. Así es.

P. ¿No puede el objetivismo, entonces, llamarse dogma?

R. No. Un dogma es un conjunto de creencias aceptadas en la fe; es decir, sin justificación racional o contra la evidencia racional. Un dogma es una cuestión de fe ciega. El objetivismo es exactamente lo opuesto. El objetivismo te dice que no debes aceptar ninguna idea o convicción a menos que puedas demostrar su verdad por medio de la razón.

P. Si es ampliamente aceptado, ¿no podría el objetivismo endurecerse en un dogma?

R. No. He descubierto que el objetivismo es su propia protección contra las personas que podrían intentar usarlo como un dogma. Dado que el objetivismo requiere del uso de la mente, aquellos que intentan tomar principios generales y aplicarlos sin pensar e indiscriminadamente a los concretos de su propia existencia encuentran que no se puede hacer. Luego se ven obligados a rechazar el objetivismo o a aplicarlo. Cuando digo aplicar, quiero decir que tienen que usar su propia mente, su propio pensamiento, para saber cómo aplicar los principios objetivistas a los problemas específicos de sus propias vidas.

Capítulo 8

Conservar la libertad de mercado

Mercado de la prostitución

Por el mismo principio de derecho sobre tu propio cuerpo, defiendo la decisión de una mujer de vender el suyo a cambio de sexo si así lo decide. María Blanco, en su fantástica obra *Afrodita desenmascarada*, lo expone mejor que cualquier mujer liberal contemporánea:

> Hay otras preguntas alrededor de la prostitución que resultan muy incómodas, pero que son necesarias. Por ejemplo, ¿por qué es indigno y degradante vender un servicio sexual y no lo es vender un servicio intelectual? Uno puede vender su talento, su inteligencia, sus consejos, su empatía y su sonrisa. Puedes vender tu talento musical, tu capacidad para bailar y hacer de cada movimiento algo bello y armónico, puedes cobrar por exponerte y que fotografíen tus manos, tu cara, tu cuerpo (vestido), ser modelo artístico para que hagan esculturas de ti, puedes prestar tu sentido del olfato y del gusto y cobrar de una casa de perfumes o de una bodega de vinos, puedes investigar y dedicar tus neuronas a ellos cobrando de particulares o del sueldo de tus conciudadanos, realizar cualquier actividad con tu cuerpo y venderla. Excepto con tus genitales. Y, en este punto, el único argumento que entiendo y que me parece coherente es el religioso. Porque si tú estás convencido de que los órganos sexua-

les existen exclusivamente para reproducirse y con la bendición de quien corresponde, entiendo que todo lo demás te parezca abominable. Pero ¿qué pasa con los laicos y ateos que creen que la prostitución es una lacra? ¿Qué tiene de diferente el sexo? Ya sé: se supone que el sexo es una expresión de amor. Pero ¿es solamente eso? ¿Quién dicta qué es el sexo para cada cual?

Otro argumento es que la prostitución es un trabajo terriblemente desagradable, e incluso, asqueroso. Aunque también lo es limpiar porquería de enfermos y de ancianos, o bajar a la mina (que, además, es peligroso), o recoger basura de las calles... y no se consideran esos trabajos como degradantes, sino como empleos muy dignos para los cuales te piden que apruebes un examen, como para darle mérito a la función.

Un cantante vive explotando sus cuerdas vocales, que es una parte de su cuerpo, y a menudo, hay una tercera persona, que no es cantante ni cliente, que ejerce de intermediario y se lleva una comisión, a menudo enorme, de los beneficios: un «proxeneta» del artista, podría decirse.

Sobre otras profesiones que van de la mano de la prostitución, como la pornografía y el *striptease*, la claridad de María es valiosísima:

¿Se cosifican las mujeres que trabajan como *strippers* en un local, o en revistas o en películas pornográficas, incluidas las del llamado porno duro? ¿Lo hacen las modelos de pasarela? ¿Lo hace quien posa para un artista? ¿O cualquiera que trabaje con su cuerpo exhibiéndolo? Yo creo que si alguien lo hace voluntariamente, no se cosifica.

Muchas personas creen que te envilece y te rebaja, que es inmoral. Supongamos que aceptamos esa creencia. ¿Habría que prohibirlo? Los argumentos que a menudo se me ofrecen suelen ser utilitaristas: una sociedad más virtuosa es mejor, más pacífica, hay que invertir menos recursos en seguridad, etc. Yo no soy utilitarista, pero incluso poniéndome en el papel de quienes sí lo son, hay que tener en cuenta la reducción en el coste social que se produce gracias al porno. El desahogo sexual de quienes no tienen la capacidad o la oportunidad de desarrollar una sexualidad «normalizada» evita delitos sexuales. Y nadie lo dice. No se trata de obligar a que se distribuyan revistas porno en los colegios, o de permitir que las mujeres y los hombres que se dedican a ello lo hagan forzados, exactamente igual que no se debe aceptar la coacción laboral en ningún otro trabajo, ya sea limpiar la caca o ejercer de contable.

Como con todo lo legal, los resultados de legalizar la prostitución han sido positivos. La criminalidad desciende y es mucho más fácil destinar recursos para perseguir a quienes someten a las mujeres, contra su voluntad, a la trata de blancas en los países donde la prostitución es legal que en aquellos donde es ilegal. El caso de Nueva Zelanda lo exhibe:

> La iniciativa de convertir la prostitución en una ocupación legal mediante la Ley de Reforma de la Prostitución aprobada por el Parlamento neozelandés en 2003 se hizo con el propósito de garantizar los derechos humanos y laborales de las personas que desarrollan esa actividad y así poderlos defender contra la explotación. Hoy, Nueva Zelanda es uno de los pocos países en donde el trabajo sexual está regulado por leyes locales. Y asimismo, es uno de los países donde la trata de blancas y la explotación sexual es casi insignificante.[60]

Sobre las prostitutas de cierto barrio...

En un barrio, típico de la vida de calle, un día, a eso de las seis de la tarde, con la caída del sol, aparecieron. Llegaron cinco mujeres con toda la pinta de... vender. El problema es que estas mujeres estaban vendiendo un producto no muy bien visto. Bueno, visto y revisto, sí, por todos los hombres cuando llegaban de trabajar a sus casas.

Fue tanto el alboroto que, semanas después, el comité de vecinas se puso de acuerdo. «¡Pero qué barbaridad!

60. «La agencia de inmigración de Nueva Zelanda agregó la prostitución a su lista de trabajos calificados para solicitar residencia», Infobae, 28 de abril de 2018: <https://www.infobae.com/america/mundo/2018/04/28/la-agencia-de-inmigracion-de-nueva-zelanda-agrego-la-prostitucion-a-su-lista-de-trabajos-calificados-para-solicitar-residencia/>.

¡Estas mujeres paradas en nuestras pulcras calles ante los ojos de nuestros niños!».

Algo estaba claro: ¡Esto no se podía permitir! Lupita estaba harta de que su marido se quedara ahora en la tienda de la esquina hasta la medianoche, hablando con las muchachas. Doña Lucy se quejaba del mal ejemplo para los niños. Y las hijas de doña Any, hasta consejos de belleza les preguntaban a las «señoritas».

Llegaron a un acuerdo: «¡Exigimos que se vayan!», «¡Que las echen y se las lleven muy lejos!». Una vecina, que permaneció callada escuchando el alboroto, finalmente abrió la boca: «¿No quieren putas en su barrio? Normal. Nadie quiere putas en su barrio, pero el problema no se resuelve echándolas. Haciendo eso, simplemente le estaremos echando el problema a otro barrio donde vayan a ofrecer sus servicios. Si realmente no quieren putas en general, ofrézcanles ustedes un empleo que les pague igual de bien para que las muchachas tengan de dónde escoger. Pero no sean hipócritas: no esperen que alguien más venga hacer lo que ustedes no están dispuestas a hacer».

Moraleja: Antes de salir a atacar las malas condiciones de empleo en nuestra comunidad, en nuestro pueblo o en nuestro país, preguntémonos: ¿tengo yo una plaza mejor para ofrecer? Si la respuesta es no, comprenderemos mejor por qué el empleo que vemos con malos ojos es el único que existe para sacar de la pobreza a alguien más.

Mercado de las drogas

A pesar de las leyes sobre prohibición de drogas como la marihuana, la cocaína o la heroína, los narcóticos han sido utilizados en la mayoría de las sociedades a lo largo de la historia y, durante la mayor parte del tiempo, ese uso ha sido gobernando por las costumbres sociales, no por penas legales.

No fue hasta el siglo xx cuando las naciones occidentales comenzaron a adoptar políticas cada vez más restrictivas y severas respecto del consumo y venta de ciertas drogas. A partir de ahí, estas leyes se han vuelto casi universales. Los liberales nos hemos opuesto sistemáticamente a dichas restricciones por sus efectos dañinos y la cantidad de externalidades negativas que han ocasionado en diversas sociedades, sobre todo en las latinoamericanas, y además, porque violan los derechos individuales de cada persona a disponer de su propio cuerpo como lo desee. A diferencia de los sectores liberales que se han opuesto a estas restricciones, han sido los sectores conservadores sus principales impulsadores, limitándose a ignorar el debate respecto a las externalidades negativas que se han producido. Esto no ha sido la excepción en América Latina, donde la narcoviolencia y la narcopolítica han destruido las posibilidades de aniquilar la corrupción en nuestros sistemas gubernamentales. Colombia y México son los ejes centrales de operación de cárteles asesinos, y el istmo centroamericano, desde Panamá hasta Guatemala, centros de paso, menudeo y lavado de dinero. Según explica la *Enciclopedia del Libertarismo*:

El camino hacia la prohibición empezó en los gobiernos estadounidenses e ingleses, primero restringiendo la distribución de ciertas drogas farmacéuticas por parte de personas que no fueran profesionales de la medicina, para luego pasar a prohibir por completo ciertas sustancias. En 1868, el Parlamento inglés aprobó la Ley de Farmacéuticos y Venenos y, en 1914, Estados Unidos aprobó la Ley de Narcóticos de Harrison. Ambas restringieron la venta de opiáceos y de otras drogas por cualquiera que no fuera un farmacéutico.

En 1920, la Ley Harrison se hizo mucho más restrictiva cuando las cortes la interpretaron como una ley que también permitiría enjuiciar a cualquier doctor que recetara drogas a un adicto.

Con la Enmienda 18 y su legislación, la Ley Volstead, fue en estos mismos años cuando Estados Unidos implementó la prohibición de la manufactura, transporte y venta de bebidas que contuvieran más de un 0,05 por ciento de alcohol. El reverendo Billy Sunday aplaudió dichas leyes: «El valle de lágrimas ha terminado.

Los suburbios pronto serán historia. Convertiremos nuestras cárceles en fábricas. Los hombres caminarán ahora con dignidad, las mujeres sonreirán y los niños reirán. El infierno será cerrado para siempre».

Sin embargo, lejos de que las predicciones del reverendo se cumplieran, la realidad fue otra. El resultado de este experimento fue un ascenso en la violencia perpetrada por el crimen organizado. Los índices de asesinatos crecieron cada año, hasta la abolición de la prohibición en 1933:

> La prohibición marcó el inicio del crimen organizado en Estados Unidos. Al prohibir las bebidas alcohólicas y convertir a millones de estadounidenses en delincuentes, la ley solo consiguió que la producción del alcohol quedara a cargo de grupos criminales dispuestos a violar la ley y resolver sus disputas con violencia. La masacre del Día de San Valentín, orquestada por Al Capone, fue un ejemplo de violencia que se desencadenaba cada vez que había batallas territoriales entre las mafias de Chicago.[61]

Por el fracaso de la Ley Volstead, varios académicos desarrollaron la teoría de la Ley de Hierro de la Prohibición, la cual sostiene que cuanto mayores sean los esfuerzos para prohibir una sustancia, más potente se vuelve. En consecuencia, «la prohibición produjo un incremento significativo en el consumo de licores destilados, que ofrecían al consumidor mayor "potencia" por precio».[62] Esta potencia era perjudicial para la salud del consumidor, pero debido a la ilegalidad, se volvía imposible capturar al ofertante por un producto nocivo. Los contrabandistas, arriesgándose a ir a la cárcel por traficar con alcohol desde la frontera canadiense, quisieron reducir riesgos «transportando productos más potentes y compactos como el whisky, en lugar de la cerveza o el vino».[63]

61. *The Encyclopedia of Libertarianism* (Sage Publications, Thousand Oaks, CA, 2008)

62. *Ibid.*

63. *Ibid.*

Los liberales hemos hecho hincapié en que se producen los mismos resultados nocivos con la prohibición tanto del alcohol, como de la marihuana, la cocaína o la heroína. Sin importar cuál es la sustancia, empujarla a la ilegalidad la pone en manos de bandas violentas y criminales, llámense la mafia de Al Capone, el cártel de Pablo Escobar o la narcoviolencia de «el Chapo» Guzmán. La guerra contra las drogas ha demostrado ser igual de inútil que la prohibición del alcohol, por las mismas razones.

Siempre que se hace un esfuerzo por restringir la oferta de una sustancia, lo único que se logra es elevar su precio, porque es mucho más caro transportar una botella de whisky, cien onzas de marihuana o cuarenta kilos de coca cuando hay que hacerlo a escondidas. Esto implica sobornar a las autoridades o incurrir en gastos de equipos y transportes sofisticados para poder transportar estas sustancias sin que sean detectadas. Y unos precios altos implican unas ganancias altas. Y unas ganancias altas atraen criminales que quieren hacerse millonarios de forma rápida y arriesgada.

Por cada ofertante que sale del mercado, alguien más creativo y cruel que los que existen en la economía legal ocupa su lugar. Por eso, no vemos a los fabricantes del whisky Johnnie Walker, por ejemplo, matándose a balazos contra los fabricantes del ron Bacardí. Por eso, no vemos a los fabricantes de cigarrillos Marlboro y los de Lucky Strike matándose entre ellos. Por eso, en los lugares donde la marihuana está legalizada no vemos enfrentamientos a tiros entre sus productores. Al ser mercados legales, estos productores utilizan la persuasión, en lugar de la violencia, para ganar clientes en el mercado. En cambio, la guerra contra las drogas empuja las sustancias a la ilegalidad, dándoselas a cárteles y mafias que pelean por un lugar en el mercado usando las balas, y no la publicidad ni la persuasión.

Los incrementos en los precios que la prohibición produce también contribuyen al crimen cuando los adictos incurren en robos para mantener su adicción. Al igual que la prohibición produjo licores más nocivos para el consumidor, la guerra contra las drogas ha producido drogas mucho más concentradas, potentes e inseguras. Las impurezas en las drogas callejeras también son habituales. Y, ante este escenario, el consumidor queda realmente desprotegido. Mientras la guerra contra las drogas se intensificaba a lo largo del siglo xx, otras drogas menos dañinas, como la marihuana, dejaron de ser las más atractivas de comerciar para los criminales, que llevaron el tráfico de cocaína desde América Latina a Estados Unidos.

Además de oponernos a la guerra contra las drogas por su inutilidad y sus efectos perversos, los liberales también la rechazamos por su violación de los derechos individuales, ya que la propiedad privada del individuo comienza por su propio cuerpo y sus propias decisiones. Si una persona es dueña de su cuerpo, la decisión sobre qué sustancias quiere ingerir es de esa persona únicamente.

El consumo de drogas podrá ser, para algunos, una decisión estúpida. Pero en última instancia es una decisión que afecta únicamente al cuerpo del que la consume. Y aunque muchos conservadores sostienen que la drogadicción de un ser querido tiene efectos y externalidades negativas que afectan a sus seres próximos, la realidad es que dichas externalidades se producen *a posteriori* del consumo de dichas sustancias; de la misma manera en que a una madre le pueda doler el trato cruel e irrespetuoso de un hijo adolescente con problemas de ira, o de un padre cuya hija es adicta a drogas legales como el alcohol.

La guerra contra las drogas iniciada en 1980 por el gobierno estadounidense es una guerra como cualquier otra. Esto implica que tiene efectos nocivos para miles de inocentes, y que se convierte en un negocio no solo para los narcos, también para los traficantes de armas. Al expandir el poder militar federal a las autoridades locales, la batalla armamentística ha demostrado, a lo largo de las décadas, ser inútil para frenar el tráfico de drogas en Norteamérica. Además, esta incrementada militarización ha conducido repetidamente a la matanza de víctimas inocentes. En 2001, la cantidad de presos en Estados Unidos había llegado a un récord de dos millones de personas, igualando el índice de encarcelamientos de Rusia.[64]

64. *Ibid.*

Afortunadamente, ante estos nefastos resultados, ha habido una significativa evolución en la opinión pública, que en un inicio apoyaba este combate y después lo rechazó cada vez más. A finales de los ochenta y principios de los noventa, por ejemplo, se aprobó una ley que permitía a las fuerzas militares bombardear aviones sospechosos de traficar con drogas. En cambio, en 2019, la mayoría de los estados han considerado la despenalización del mercado de la marihuana. La Europa occidental permite hoy la posesión de pequeñas cantidades de narcóticos para consumo personal, aunque el tráfico de drogas sigue penalizado. Es precisamente la prohibición de su tráfico lo que origina la narcopolítica y la narcoviolencia de las cuales es presa toda América Latina.

En lugar de reconocer los desastrosos resultados que tiene la guerra contra las drogas y abandonar esta acción fracasada, la mayoría de los gobiernos alrededor del mundo se han empeñado en gastar más recursos y atentar más contra las libertades de sus ciudadanos en un esfuerzo inútil por detener el comercio ilegal de narcóticos.

Tal y como lo resume el analista liberal costarricense Juan Carlos Hidalgo, del Centro para la Prosperidad Global del Instituto Cato, legalizar las drogas eliminaría o mitigaría significativamente las terribles consecuencias a las que nos enfrentamos bajo el actual enfoque prohibicionista:

> La legalización pondría fin a la parte exageradamente lucrativa del negocio del narcotráfico, al traer a la superficie el mercado negro existente. Y con la desaparición de la clandestinidad del narcotráfico disminuye drásticamente la problemática social ligada a dicha actividad. La actual prohibición de las drogas no detiene el mercado, simplemente lo ha sumergido bajo el manto de la ilegalidad, y cuando un negocio es un crimen, los criminales tomarán parte de este. Según Naciones Unidas, el tráfico de drogas genera 400.000 millones de dólares anuales, lo cual representa un 8 por ciento del comercio mundial, comparable con la industria de textiles. Dicho botín representa una tentación irresistible para los criminales del mundo.
>
> La legalización reduciría drásticamente el precio de las drogas, al acabar con los altísimos costes de producción e intermediación que implica la prohibición. Esto significa que mucha gente que po-

see adicción a estas sustancias no tendrá que robar o prostituirse con el fin de costear el actual precio inflado de dichas sustancias. Legalizar las drogas haría que la fabricación de dichas sustancias se encuentre dentro del alcance de las regulaciones propias de un mercado legal. Bajo la prohibición, no existen controles de calidad ni venta de dosis estandarizadas. Esto ha conducido a niveles de mortalidad altos a causa de sobredosis o envenenamiento por el consumo de drogas. De hecho, según un estudio del Instituto Cato realizado por James Ostrowski, el 80 por ciento de las muertes relacionadas con drogas se deben a la falta de acceso a dosis estandarizadas.

El narcotráfico ha extendido sus tentáculos en la vida política de los países. Importantes figuras políticas a lo largo de América Latina han sido ligadas con personalidades y dinero relacionados con el tráfico de drogas. Tal vez aquí yace la razón por la cual la guerra contra las drogas se intensifica año a año. Los grandes narcotraficantes son los que más se benefician con la actual prohibición, y los operativos antidrogas que se practican en América Latina sirven para eliminarles la competencia que enfrentan por parte de los pequeños y medianos distribuidores. La legalización acabaría con esta nefasta alianza del narcotráfico y el poder político. Por lo mismo, irónicamente son los narcos, junto con la Iglesia católica y varios sectores conservadores, los menos interesados en que se legalicen las drogas. Los primeros por razones económicas y los segundos por actitudes morales que infringen la libertad individual.

Legalizar las drogas acabaría con un foco importante de corrupción, la cual aumenta en todos los niveles del gobierno debido a que una sustancial cantidad de policías, oficiales de aduana, jueces y toda clase de autoridades han sido comprados, sobornados o extorsionados por narcotraficantes, creando un gran ambiente de desconfianza por parte de la población hacia el sector público en general.

Los gobiernos dejarían de malgastar miles de millones de dólares en el combate de las drogas, recursos que serían destinados a combatir a los verdaderos criminales: los que violan los derechos de los demás (asesinos, estafadores, violadores, ladrones, grupos terroristas). Además, con la legalización se descongestionarían las cárceles, las cuales hoy en día se ven inundadas por gente cuyo único crimen fue el consumo de sustancias que están prohibidas por la ley. Todos estos esfuerzos por combatir el tráfico de drogas han sido inútiles. Por ejemplo, las mismas autoridades reconocen que a pesar de todo el dinero gastado, los esfuerzos actuales solo interceptan el 13 por ciento de los embarques de heroína y un máximo del 28 por ciento de los de cocaína. De acuerdo con Naciones Unidas, las ganancias de las drogas ilegales están tan infladas que tres cuartos de todos los embarques deberían ser interceptados con el fin de reducir de manera significativa lo lucrativo del negocio.

Con la legalización se acaba el pretexto del Estado de socavar nuestras libertades con el fin de llevar a cabo esta guerra contra las drogas. Intervenciones telefónicas, allanamientos, registro de expedientes, censura y control de armas son actos que atentan contra nuestra libertad y autonomía como individuos. Si hoy en día las drogas son accesibles incluso en las áreas de máxima seguridad de las prisiones, ni siquiera convirtiendo a nuestros países en cárceles vamos a lograr mantener a las drogas fuera del alcance de aquellos que quieran consumirlas. Legalizando estas sustancias evitaremos que los gobiernos conviertan a nuestros países en prisiones de facto.

Legalizar las drogas desactivará la bomba de relojería en la que se ha convertido América Latina, especialmente países como México, Ecuador, Bolivia y Colombia. En este último, las guerrillas financiadas por el narcotráfico manejan miles de millones de dólares en equipos militares de primera línea, y amenazan con extender su lucha a países como Panamá, Brasil y Venezuela. Hace unos años se descubrió la fabricación de un submarino en Colombia para el transporte de armamentos y drogas, lo que demuestra el poderío de estos grupos guerrilleros. Todo esto ha llevado a una intervención creciente por parte de Estados Unidos, que desde hace un par de años ha venido fortaleciendo su presencia militar en la región de una manera nunca vista desde el fin de la guerra fría.

En una sociedad en donde las drogas son legales, el número de víctimas inocentes producto del consumo y la venta de estupefacientes se vería reducido sustancialmente. La actual política afecta directamente tanto a los consumidores de narcóticos como a terceros. Es así como gran cantidad de personas que nunca han consumido estas sustancias o que no están relacionadas con la actividad se ven perjudicadas o incluso pierden la vida debido a las «externalidades» de la guerra contra las drogas: violencia urbana, abusos policiales, confiscación de propiedades y allanamientos equivocados, entre muchos otros.

La legalización conducirá a que la sociedad aprenda a convivir con las drogas, tal y como lo ha hecho con otras sustancias como el alcohol y el tabaco. El proceso de aprendizaje social es sumamente valioso para poder disminuir e internalizar los efectos negativos que se derivan del consumo y abuso de ciertas sustancias. Sin embargo, políticas como las de la prohibición, al convertir a los consumidores en criminales, desincentivan la aparición de comportamientos y actitudes sociales necesarios para poder lidiar con los problemas de la adicción y el consumo tempranero de dichas sustancias.

Luego de muchos años de malas experiencias con la política actual, y tras un análisis detallado de las consecuencias no deseadas de prohibir el consumo y la venta de sustancias que la gente quiere, es necesario que lleguemos a la conclusión de que las drogas deben ser legalizadas si no queremos seguir el camino autodestructivo al que nos está conduciendo la prohibición moderna.

Veamos ahora las condiciones y los efectos positivos que ha tenido la legalización de la marihuana en varias partes del mundo como Países Bajos, Portugal, España, Colorado, Washington y California de acuerdo con la legislación de dichos países y a los datos recopilados por la Organización Mundial de la Salud y por el Instituto Cato.[65]

No incluyo aquí el caso de Uruguay, porque lo que hizo el expresidente José Mujica fue legalizar la marihuana para convertirla en monopolio del Estado, no para liberalizar su mercado. Y como todo monopolio estatal, da lugar a ineficiencia y corrupción, por lo que no considero positivo que lo implemente ningún país.

Países Bajos

Con la Ley del Opio de 1976 se logró la descriminalización del consumo de marihuana, y la posesión personal de hasta treinta gramos pasó a ser un delito menor. Así surgieron los cafés (*coffee shops*) holandeses, donde los consumidores pueden comprar una cantidad limitada de cannabis.

Es importante comprender que, en los Países Bajos, la tenen-

65. Organización Mundial de la Salud (Drogas).

cia de marihuana está tipificada como delito. Sin embargo, no es un delito perseguido por las autoridades. El consumo sí está despenalizado. Bajo el principio de conveniencia del derecho penal neerlandés, las autoridades pueden abstenerse de interponer acciones penales. También se permite cultivar hasta cinco plantas por persona para consumo personal.

Se tolera la venta minorista de marihuana siempre que los locales cumplan con los criterios llamados AHOJ-G, que por sus siglas en neerlandés, se refieren a que no está permitido ningún tipo de publicidad, que no se pueden vender drogas duras, que no se puede alterar el orden público y que no se permite la venta a menores ni en grandes cantidades.

A pesar de que el consumo es legal, los propietarios de los cafés tienen que comprar la marihuana en un mercado que aún es ilegal. Los proveedores se enfrentan a ser enjuiciados por transportar cannabis y es posible detener a los propietarios de los establecimientos por comprarlo, aunque tengan permitido venderlo.

En 1996 se endurecieron las leyes. La venta se redujo de treinta a cinco gramos por transacción, y limitó a quinientos gramos de cannabis lo que se puede tener en el lugar en un momento determinado. La edad mínima para entrar a un café pasó de dieciséis a dieciocho años. Se les permitió a los municipios contar con nuevas estrategias legales para limitar la cantidad de cafés e incluso prohibirlos. Como resultado, de los 1.500 cafés que había a principios de los noventa, se redujeron a 813 en el año 2000 y a 702 en 2007.

Respecto a la relación entre la legalización del cannabis y la reducción de la delincuencia en los Países Bajos, reproduzco a continuación un artículo de 2013 de Jeffrey Cato, académico del Instituto Cato, sobre su experiencia en Ámsterdam:

Durante los últimos veinte años he investigado la economía relacionada con la legalización de las drogas y su prohibición. Basándome en ese trabajo y en evidencia adicional, he llegado a considerar la legalización como una política fácil de comprender. Prácticamente todos los efectos serían positivos, con riesgos mínimos de efectos negativos considerables.

Una porción importante de esa investigación ha sido el análisis de la política sobre drogas en los Países Bajos, donde la marihuana es prácticamente, aunque no técnicamente, legal. Hasta hace poco, sin embargo, nunca había visitado ese país.

Eso cambió el mes pasado cuando mi esposa, mis hijos universitarios y yo pasamos una semana en Ámsterdam. El viaje no fue una excusa para fumar marihuana en los famosos *coffee shops* de la ciudad; a pesar de mi posición a favor de la legalización, no consumo drogas ilegales (los *dry martinis* son un caso aparte).

En cambio, escogimos Ámsterdam porque es una ciudad interesante que no habíamos visitado (y porque teníamos millas de viajeros frecuentes para vuelos sin escala). Visitamos los típicos destinos turísticos, como el Museo Van Gogh y la casa de Ana Frank, disfrutamos del *rijsttafel* (comida holandesa-indonesia) y la cerveza holandesa y (por los pelos) evitamos ser atropellados por las 600.000 bicicletas que hay en Ámsterdam.

También visité el famoso Red-Light District, donde hay varios *coffee shops* que venden marihuana y prostitución legal (con mi esposa a mi lado; saque sus propias conclusiones). Los partidarios de la legalización señalan a Ámsterdam como evidencia de que la legalización funciona, al menos para la marihuana. Los críticos de la legalización, como el exzar para las drogas de la Casa Blanca Gil Kerlikowske, creen en cambio que la política holandesa es un error, y que genera delincuencia y efectos fastidiosos. Solo la observación en persona podría dar una percepción clara de qué descripción es más precisa.

La belleza es muchas veces algo subjetivo, así que los prohibicionistas puede que no se convenzan con mis observaciones.

A mi manera de ver, sin embargo, el Red-Light District no podría haberse sentido más seguro o normal. Sí, la marihuana estaba ampliamente disponible. Y sí, se ofrecían todo tipo de servicios sexuales en público.

Pero nada acerca de este distrito daba sensación de inseguridad, o sugería un nivel elevado de delincuencia o violencia; me he sentido menos seguro en muchas ciudades estadounidenses y europeas. La zona está llena de jóvenes, incluidos muchos turistas, que se están divirtiendo o buscan hacerlo. Algunos, sin duda, estaban bajo los efectos de la marihuana o del alcohol, o asumiendo otros riesgos. Ninguna de estas «conductas de riesgo», sin embargo, estaban perjudicando a terceros.

La ausencia de violencia no debería sorprender. La prohibición, no el consumo de drogas, es la principal razón por la que se asocia la violencia con las drogas, la prostitución, los juegos de azar o cualquier servicio o producto prohibido. En un mercado legal, los participantes resuelven sus disputas con abogados, cortes y mediante la arbitración. En un mercado ilegal, no pueden utilizar estos métodos y recurren a la violencia.

De manera que el factor determinante de la violencia es si una industria es legal, como la historia de la prohibición del alcohol nos enseña. Esa industria fue violenta en el período entre 1920 y 1933, cuando el gobierno federal y muchos gobiernos estatales prohibieron el alcohol, pero no antes ni después. Y si el gobierno hubiese prohibido el tabaco, o el café, o el helado, o cualquier bien con una demanda sustancial y sustitutos imperfectos, habría surgido un violento mercado negro.

Puede que los partidarios de la prohibición, aun considerando esto, se opongan a la política holandesa, porque creen que todo tipo de consumo es algo indeseable, aunque no genere daño alguno a terceros. La economía básica predice que, si otros factores se mantienen constantes, las prohibiciones reducen el consumo al elevar los precios de las drogas. Pero nada en la economía dice que el precio es el único factor que determina el consumo; para muchos consumidores, otros factores importan más.

Nuevamente, la evidencia de los Países Bajos es reveladora. En 2009, la tasa de consumo de marihuana durante el año anterior fue del 11,3 por ciento en Estados Unidos, pero solamente del 7,0 por ciento en los Países Bajos. Esto no demuestra que la legalización reduce el consumo de drogas; influyen muchos otros factores. Pero estos datos difícilmente respaldan la afirmación de que la prohibición tiene un impacto concreto en la reducción del consumo.

Cuando dimos una vuelta por la ciudad en barcaza por los canales, el guía dijo: «A pesar de las drogas y la prostitución legalizada, Ámsterdam es una ciudad segura». Mi hijo, que me había oído hablar durante años acerca de la prohibición, se dio la vuelta y me dijo: «Debió decir: "Gracias a que las drogas y la prostitución son legales, ¿verdad?"».

Exactamente.[66]

---

66. Miron, Jeffrey, «Marijuana, Sex and Amsterdam», *The Huffington Post*, 6 de septiembre de 2013.

Portugal

En Europa, en 2001, Portugal se convirtió en el segundo país, después de España, en eliminar los castigos penales por la posesión de drogas para consumo personal.

En lugar de ir a la cárcel, los consumidores de drogas deben ir a terapias. Según un funcionario portugués del Ministerio de Sanidad:

> Se trata de perseguir la enfermedad, pero no a los enfermos. El Estado portugués está contra la droga. Por eso su consumo no está prohibido. Pero no vamos contra los drogadictos. Por eso no se les incrimina. De ahí que, una vez rehabilitados, puedan volver a la vida normal sin haber sido detenidos y, lo más importante, sin que conste en ningún sitio que han sido detenidos, lo que es vital para, por ejemplo, encontrar trabajo.[67]

Cuando la policía detiene a una persona por posesión de sustancias, la lleva ante una comisión de seguimiento dependiente del Ministerio de Sanidad, que a su vez envía a esta persona a un centro de desintoxicación si fuera necesario, sin levantar ningún acta judicial. Contrariamente a lo que se creería, uno de los éxitos de esta medida radica en la disminución del consumo.

Según las investigaciones realizadas por Glenn Greenwald, del Instituto Cato, tras cinco años de despenalización no solo disminuyó el consumo entre los jóvenes, además han disminuido los contagios de VIH, al igual que las muertes por sobredosis de heroína y otras drogas, desde 281 en 2001 a 133 en 2006. También se ha duplicado la cantidad de personas que quieren recibir terapia para su adicción.[68]

---

67. Jiménez Barca, Antonio, «Un experimento exitoso, el consumo no deja rastro en la ficha policial», *El País*, 11 de enero de 2014. Obtenido en <https://elpais.com/sociedad/2014/01/11/actualidad/1389472374_917769.html>.

68. Informe disponible en <https://www.cato.org/publications/white-paper/drug-decriminalization-portugal-lessons-creating-fair-successful-drug-policies>.

España

Desde 1973, el código penal español se adaptó a la Convención única sobre estupefacientes. El Tribunal Supremo despenalizó el consumo personal, lo que convirtió a España en el primer país europeo en despenalizar no solo el consumo personal de drogas, sino también los actos preparatorios, incluyendo el cultivo.

Aun así, existe bastante inseguridad jurídica en el territorio español, porque no se ha logrado aprobar una regulación administrativa en los casos de cultivo o posesión colectivos. Mientras tanto, la tenencia y el consumo en lugares públicos se castigan con multas de 601 a 60.000 euros, que pueden evitarse si uno accede a entrar a un tratamiento contra adicciones.

Existen los clubes sociales de cannabis, que son asociaciones sin ánimo de lucro formadas por quienes cultivan en un circuito cerrado. También existen clubes similares en Bélgica, Alemania y Francia.

Washington, DC

Washington se sumó a los cuatro estados estadounidenses que han legalizado el uso de la marihuana para fines recreativos, y a otros veintiuno que permiten el uso médico de esa droga. Según el peruano Ian Vásquez, director de la sección latinoamericana del Centro para la Prosperidad Global del Instituto Cato, la mayoría de los estadounidenses apoya la legalización de la marihuana.[69] Es posible que dentro de una década esta droga sea legal a nivel federal también.

---

69. Vásquez, Ian, «Fumar marihuana en Washington, DC», 2 de marzo de 2015. Disponible en <https://www.elcato.org/fumar-marihuana-en-washington-dc>.

California

California fue el primer estado de Estados Unidos que aprobó la venta de marihuana con fines terapéuticos en 1996. El 1 de enero de 2018 aprobó la legalización con fines recreativos.

Según un estudio titulado «¿Está la marihuana legal debilitando a las organizaciones mexicanas de narcotráfico?», la violencia delictiva disminuyó un 13 por ciento en las áreas fronterizas desde la legalización. Su autora, Evelina Gavrilova, de la Norwegian School of Economics, encontró que la legalización permite a los agricultores locales cultivar marihuana que luego pueden vender legalmente, lo que hace que puedan competir directamente con los cárteles mexicanos y quitarles negocio.

En cuanto al registro de homicidios, con este estudio, junto a las investigaciones del FBI entre 1994 y 2012, se reveló que se registró una reducción del 15 por ciento de la delincuencia violenta en los estados fronterizos. Los robos disminuyeron un 19 por ciento, los homicidios un 10 por ciento y los relacionados con el tráfico de drogas hasta un 41 por ciento.

Colorado

La marihuana para uso medicinal fue legalizada en Colorado en el año 2000 por medio de la Enmienda 20 de la Constitución de este estado. Y en 2014 se legalizó por completo su venta para uso recreativo. La ley permite a los residentes mayores de veintiún años estar en posesión de 28 gramos. Se pueden comprar hasta 454 gramos de productos de infusión de marihuana en forma sólida, o hasta dos kilos en forma líquida.

Según un reportaje realizado por la periodista Rosco Sievers, Colorado se convirtió en 2012 en el primer estado que percibió más dinero en impuestos por la venta de marihuana (casi 70 millones de dólares) que por bebidas alcohólicas (42 millones de dólares). Se encontraron con tanto dinero que el estado declaró un día sin impuestos a la marihuana. El reportaje explica:

Parte de la razón por la que la marihuana ha desplazado completamente a las bebidas alcohólicas en la generación de impuestos es que los consumidores de marihuana gastan mucho más en esa droga que lo que gasta un norteamericano promedio en bebidas alcohólicas o tabaco. De acuerdo con un estudio de mercado del *Marijuana Business Daily*, el gasto promedio en marihuana en los estados donde esta droga es legal es de 1.800 dólares anuales. En comparación, el gasto promedio en bebidas alcohólicas es de solo 450 dólares, y en tabaco 315 dólares. En promedio, los norteamericanos gastan solamente 602 dólares anuales en productos y servicios de cuidado personal, apenas un tercio de lo que gastan en marihuana.

Un total del 82 por ciento de usuarios que consumen la droga por motivos médicos lo hacen a diario, comparado con un 57 por ciento de quienes la consumen por motivos recreativos.

«Nuestra filosofía es que la marihuana se pague a sí misma», dijo J. Skyler McKinley, vicedirector de la Oficina de Coordinación de la Marihuana del gobernador de Colorado. «Cada centavo que se ingresa gracias a la legalización se dedica al coste de la legalización. Primero, en asuntos regulatorios, luego en campañas de educación acerca del uso seguro y responsable, y luego en programas de prevención y tratamiento».[70]

El reportaje de Sievers también indagó sobre los beneficios de la legalización para la economía, la educación y la reducción de la delincuencia:

De acuerdo con las estadísticas compiladas por la Drug Policy Alliance, en los primeros once meses de 2014, la tasa de crímenes violentos cayó un 2,2 por ciento, comparado con el mismo período del 2013. Al mismo tiempo, los robos en la capital de Colorado, Denver, se redujeron un 9,5 por ciento y los crímenes relacionados con la propiedad se redujeron un 8,9 por ciento.

Adicionalmente, los arrestos por posesión de marihuana continuaron cayendo y ahora están un 84 por ciento por debajo de las

70. Sievers, Rosco, «Legalización de marihuana: grandes beneficios en Colorado y Washington», 4 de noviembre de 2015. Disponible en <https://www.deguate.com/artman/publish/comunidad_lectores/Legalizacion-marihuana-beneficios-Colorado-Washington.shtml>.

cifras de 2010. Teniendo en cuenta que un arresto de esta naturaleza le cuesta al estado en promedio 300 dólares, es fácil inferir que Colorado está ahorrando millones en arrestos relacionados con la marihuana. [...]

El informe de la DPA también señala que los temores de un incremento en accidentes mortales de tráfico mencionados por el Departamento de Transporte de Colorado tampoco se materializaron. Las muertes incluso bajaron un poco, de 449 en los primeros once meses de 2013 a 436 en el mismo período de 2014.

Un mito de la legalización de la marihuana es que, al legalizarse, la droga sería consumida por más niños. Sin embargo, como lo demuestran estadísticas de las Naciones Unidas, esto no es cierto: en Portugal, donde ninguna droga está criminalizada, solo un 10 por ciento de niños entre once y quince años la han probado, mientras que en Holanda, donde se vende abiertamente la marihuana en las cafeterías, el porcentaje de niños que la ha probado es del 17 por ciento. En comparación, en Estados Unidos, donde es criminalizada (excepto en Colorado y Washington), ese porcentaje sube al 20 por ciento.[71]

Mientras que todos los liberales estamos a favor de legalizar las drogas, la mayoría de los conservadores se oponen a esta medida. Y los pocos conservadores que sí la apoyan coinciden con los liberales en que dicha legalización no implica que deban usarse recursos estatales para subsidiar su consumo. Aunque, personalmente, creo que, una vez legalizadas las drogas, los empresarios que las vendan deberán pagar impuestos como el resto de negocios legales, y contar con la opción de destinarlos al mantenimiento de clínicas de rehabilitación, a jornadas educativas en escuelas y universidades sobre los efectos de cada droga y en publicidad que mantenga a la población en general debidamente informada para que puedan tomar decisiones más conscientes.

71. *Ibid.*

¿Y si mis hijos fueran drogadictos?

Entre los debates que se han desatado respecto a mi apoyo a la legalización de las drogas, varias veces me han preguntado: ¿Y si fueran tus hijos?

Me imagino que lo hacen con el ánimo de ver si cambio de opinión. Sin embargo, como persona racional que procuro ser, cuando apoyo algo es porque de verdad he analizado todos y cada uno de los aspectos que esa decisión conllevaría, primero para mi vida, y luego para la futura vida de mis hijos, si es que algún día los tengo. Por eso, cuando digo que apoyo la legalización de las drogas, no es que solamente apoye esta medida ahora que no tengo hijos. Quiere decir que estoy a favor de esta medida porque económica y socialmente será mucho más favorable para la sociedad comparado con lo que tenemos en el presente, no porque me lo invente yo, sino porque existen evidencias que lo confirman.

Mi respuesta a esta pregunta, con el ánimo de dejarla escrita aquí y no tener que reescribirla en futuras ocasiones, es la siguiente:

Si mis hijos se vuelven drogadictos, está claro que el problema es de ellos en primera instancia. Y mío y de todos sus seres queridos en segunda.

Tienen una dependencia a una sustancia que los está matando, y aun así están decidiendo matarse. Lo primero que yo haría es averiguar a qué sustancia son adictos: ¿Marihuana? ¿Cocaína? ¿Crack? ¿Alcohol? ¿Tabaco? A partir de ahí, estudiaría sobre dicha sustancia, para poder saber exactamente a qué me estoy enfrentando yo y con qué están lidiando ellos.

En ese momento, actuaría como madre, independientemente de que las drogas fueran legales o ilegales. Porque en el fondo sabría que, si mis hijos están consumiendo una sustancia, poco les importa si dicha sustancia es legal o ilegal. La consumen porque la quieren, la necesitan o creen que la necesitan.

En vez de salir corriendo en estado de histeria al Congreso para exigir que volvieran a prohibir las drogas —en caso de que fueran legales—, analizaría el trabajo que hice como madre para que mis hijos buscaran su propia autodestrucción, y a partir de ahí, los ayudaría a limpiarse y a amar la vida.

Pero estoy segura de que no voy a esperar a ver cómo se autodestruyen mis hijos en la adolescencia para inculcarles el amor por la vida y la libertad que tienen de ser responsables de sus decisiones.

Si voy a traer más gente a este mundo, será para que, desde el primer día que yo sea madre, pueda enseñarles a amar su vida y su libertad y a hacerse responsables de sí mismos. Yo no quiero traer parásitos ni drogadictos. Y entiendo muy bien que, si es eso lo que yo no quiero, es responsabilidad mía, y no del Estado, conseguir mi objetivo.

Claro, tampoco puedo pretender que mis hijos no vayan a ser drogadictos si los traigo a este mundo y desde el primer día ni les doy educación, ni alimento ni las herramientas necesarias como para querer amar la vida.

Pero puede que yo haga todo lo que crea correcto, y que aun así mi hijo se convierta en un yonqui. Al final, esa es una decisión de un ser que en este momento ni siquiera existe.

Yo, por mi parte, solo puedo controlar lo que yo haga. Igual que todos los que estamos vivos. Solo tenemos control sobre nuestras acciones. Y estoy segura de lo que voy a ser: una madre que inculque en sus hijos la libertad de acción entendida como la responsabilidad que uno mismo tiene de las decisiones que toma.

¿Por qué? Porque, de todas las formas en que esta vida se puede vivir, yo he encontrado en esa la fórmula de la felicidad y la plenitud. Y en lo mejor de mis capacidades y mi entendimiento, ese es el mejor regalo que me dieron a mí. Y por lo tanto, creo que ese será el mejor regalo que le pueda dar a mis hijos: recordarles que ellos, y solamente ellos, son los dueños —y por lo tanto los responsables— de su propio destino y que la vida es su bien más preciado. Pero que mis hijos vivan como individuos que amen la vida y se sientan responsables de sí mismos dependerá de ellos. No de mí. Y mucho menos, de una ley que prohíba las drogas.

Mercado de órganos y eutanasia

Siguiendo la misma lógica de la prohibición de la prostitución y las drogas, el mercado ilegal de órganos ha llevado a los criminales más despiadados del mundo, empezando por los funcionarios del gobierno de China Continental, al secuestro y matanza de cientos de miles de ciudadanos chinos para vender sus órganos. Según un informe de 2006 de David Matas, abogado canadiense de derechos humanos, junto con el exsecretario de Estado de Canadá para Asia Pacífico, David Kilgour, titulado: «Cosecha Sangrienta: Investigación independiente sobre los alegatos de sustracción de órganos de practicantes de Falun Dafa en China»:

> El régimen chino ha estado utilizando a los presos de conciencia (en su mayoría, practicantes de Falun Dafa) como un «banco de órganos vivos». Estas personas inocentes, al ser arrestadas, son sometidas a análisis de sangre y exámenes médicos para determinar su compatibilidad con los pacientes que necesitan un trasplante. Al encontrarse uno compatible, al prisionero se le sustraen sus órganos en una operación secreta, y muere.[72]

Siguiendo el principio liberal sobre el derecho individual que cada persona posee sobre la administración de su propio cuerpo, empujar el mercado de órganos a la ilegalidad produce que, en lugar de individuos que toman la decisión voluntaria de vender

72. Informe disponible en <https://asociacionfalundafa.org.ar/sustraccion-forzada-de-organos/>.

un riñón, las personas se vuelvan víctimas de la decisión de terceros que las raptan para que, contra su voluntad les sean extraídos diversos órganos, incluso los vitales, como los pulmones o el corazón.

Legalizar la venta de órganos libera recursos para entonces poder perseguir a quienes realmente están atentando contra individuos que no quieren ser víctimas de estas extracciones.

Por la misma razón, es mejor legalizar la eutanasia. Solamente es legal en seis países (Suiza, Países Bajos, Bélgica, Luxemburgo, Colombia y Canadá). El suicidio asistido está permitido en Estados Unidos en los estados de Oregón, Washington, Montana, Vermont y California.

Capítulo 9

Conservar la libertad de movilización, migración y asociación

En 2008, cuando era pasante del Instituto Cato, escribí un ensayo titulado «Let Them In to Keep Them Out»: Déjenlos entrar para que se vayan. En él, utilizando las estadísticas de permanencia de inmigrantes en Estados Unidos, descubrí que antes del endurecimiento de las leyes de inmigración en los años sesenta, el promedio de tiempo que un inmigrante latino se quedaba viviendo allí eran cinco años. Después, volvía a su país de origen con el dinero ganado. ¿Por qué? Porque como era fácil salir y volver a entrar, tenía incentivos para volver a casa. Pero conforme las leyes de inmigración se volvieron más rígidas, la concesión de visados para emigrar legalmente se volvió más inaccesible y empezaron las patrullas fronterizas, y con las amenazas terroristas y los muros, el promedio de años que un inmigrante latino se queda en Estados Unidos es de veinte años. Esto significa que el endurecimiento ha resultado en lo opuesto de lo que los conservadores republicanos quieren, y por eso se ha incrementado la latinización de Estados Unidos. Con muchos efectos positivos, por supuesto, pero también negativos: el apoyo que los inmigrantes latinos les dan a los demócratas y sus políticas de subsidios, sus regalos y sus propuestas socialistas, como las de la recién electa congresista de herencia hispana Alexandria Ocasio-Cortez.

A diferencia del conservadurismo, que está altamente ligado al nacionalismo, la protección de la patria, la permanencia de una institución militar fuerte y el uso de la guerra por preservar los llamados «intereses nacionales», los liberales apoyamos la libre movilización de las personas para poder emigrar al país de su preferencia, siempre y cuando en dicho país respete las leyes que lo obliguen a no violentar ni la vida, la propiedad privada o la libertad del resto de ciudadanos. Por eso, los liberales denunciamos, por ejemplo, las imposiciones musulmanas que ciertos grupos quieren hacer en países europeos. Y, por supuesto, al igual que los conservadores, nos oponemos al uso y abuso de los sistemas del Estado benefactor que consienten con subsidios a millones de migrantes alrededor del mundo que ni siquiera pagan impuestos en sus países adoptivos.

Una vez abolidos los ineficientes Estados benefactores, los liberales no tenemos ningún problema con la liberalización de la emigración de las personas. Al igual que el mercado de bienes y servicios, en una economía globalizada, no tiene ningún sentido que los bienes y los servicios puedan trasladarse a gran velocidad, mientras las personas tengan que pasar infiernos, como el desierto entre la frontera de México y Estados Unidos, o el cruce de pateras en el mar Mediterráneo, que lleva a tantos africanos a la muerte cada año por tratar de llegar a Europa para tener una mejor vida.

Los conservadores, en cambio, aun con la abolición del Estado del Bienestar, se oponen a la libre movilización de personas, basados en que hay culturas que manchan a otras. Los liberales creemos en la libre competencia. Y esto incluye la libre competencia de culturas, siempre y cuando no exista una imposición de un sistema de costumbres a un individuo que no las quiere.

Igual que una adolescente indígena guatemalteca tiene derecho a vestir el traje típico tradicional de su comunidad, lo tiene para vestirse con camiseta y jeans. Tanto derecho tiene a hablar en su lengua indígena como a aprender inglés. Tanto derecho tiene a escuchar música prehispánica como a ser fan de Lady Gaga, siempre que sea su decisión. Eso no la hace ni más ni menos perteneciente a las herencias culturales indígenas que ella valore, o a las herencias culturales occidentales que en el siglo xxi son parte del entorno de la mayoría de los habitantes del planeta.

Carta al presidente de Estados Unidos Donald Trump

Señor presidente:

Con el rechazo que usted causa en las mujeres por sus comentarios misóginos; en los latinos por sus declaraciones sobre el muro; en los medios de comunicación *mainstream* que se oponen al conservadurismo religioso-moral de los republicanos; en los socialistas, por su insistencia en recortarles privilegios y subsidios; y en las millonarias estrellas de Hollywood, cuya opinión cuenta más que la de cualquier otro profesional, no me queda la menor duda de que su victoria no se debe a que la gente le haya votado a usted. La gente votó en contra de Hillary Clinton. No voy a utilizar esta carta para evidenciar los treinta años de corrupción de los Clinton en el poder, ni tampoco voy a explicar sus resultados nefastos en el Oriente Próximo, África y por supuesto América Latina a través de las narcodictaduras del socialismo del siglo xxi, que han sido sus grandes socios para forrarse de millones con las drogas y el petróleo. Eso le corresponderá a usted, cumpliendo lo que dijo en campaña, y lo veremos cuando el Departamento de Justicia lleve finalmente a juicio tanto a Hillary como a su esposo Bill. Un juicio que espero que llegue pronto, para que a todos los latinos que siguen pensando en los Clinton como la familia real protectora de sus intereses les sea revelado con hechos y datos cómo la fundación de este par era la sucursal del blanqueo de la corrupción de los Castro, de Lula, de Dilma, de Chávez, de los Kirchner, del petróleo iraní y las FARC. Además, el que quiera seguir negando la realidad, está en su derecho. Yo vengo de una región donde a la gente le encanta escoger al político de acuerdo con su personalidad. Sus ideas les resbalan. La gente va a votar pensando: ¿Me cae bien o me cae mal? ¿Lo tendría o no lo tendría de amigo? Poco les importa si les roban, les expropian, les usurpan libertades. Lo importante es que les digan cosas bonitas, que sean simpáticos, carismáticos y cómicos. ¿Qué más da si es corrupto, con lo simpático que cae? Y Hillary posee eso. ¿Qué mas da si es corrupta? Es simpática. Usted no.

Por eso, dudo que un candidato sereno, intelectual, políticamente correcto y dedicado siempre al debate de las ideas hubiese podido vencer a la simpática —pero corrupta— Hillary, como usted lo hizo. El público se aburre con el intelectual. Se duerme con el que le habla de realidades económicas. Bosteza cuando intenta entender el crecimiento del gobierno federal y le importa poco la lógica de las propuestas que escucha. Al público le entretiene el *show*, disfruta con el circo, se alimenta del morbo y le resulta más fácil interesarse en la política cuando se la pintan como una telenovela o un partido de futbol. Y usted, o sus asesores, lo supieron detectar. Después de todo, usted es empresario, no político. Conoce bastante bien cómo hacer estudios de mercado y encontrar las preferencias de la demanda. Por eso hicieron una campaña presidencial cuyo primer objetivo fuera obtener el mayor tiempo de cámara posible. ¿Y cómo podía lograr ese objetivo, sino diciendo cuanto disparate racista o misógino se le ocurriera? En una sociedad de lo inmediato, no hay tiempo para datos. Lejos quedó la época donde, con respeto y argumentos bien hilvanados, uno capturaba la atención del público. Una vez la atención estuvo puesta en su persona, se dispuso inmediatamente a evidenciar la corrupción de su oponente como ningún candidato republicano jamás lo hizo. Al bautizarla como «crooked Hillary» [tramposa], y financiándose usted con su propia billetera su propia campaña, el espacio para ser políticamente correcto, como lo fueron Rand Paul, Marco Rubio o Ted Cruz, quedó obsoleto frente a usted, que no tenía nada que perder y todo que ganar.

Pues bien, señor Trump, usted ya ganó. Ganó gracias al hartazgo social que la politiquería tradicional ha generado, no solo en su país, sino en el mundo. Comediantes, futbolistas y celebridades están siendo constantemente elegidos para puestos políticos en varios países, incluido el mío, donde nos gobierna un comediante. Ahora, lo que comúnmente está pasando en estos lugares, mi país incluido, es que el antipolítico, una vez electo, se tiene que enfrentar antes a los poderes que durante años se han beneficiado de la corrupción del sistema putrefacto. Bastan las primeras reuniones con sindicatos, *lobbies* de *empresaurios*, narcotraficantes y líderes de la religión mayoritaria para que el antipolítico recién electo se despoje de los pantalones que requiere tener bien puestos para tomar decisiones duras que no son populares. Pero, a diferencia de estos antipolíticos, que rápido se acobardan y que desilusionando a su público se incorporan al sistema de siempre, usted ya es un *putrimillonario*. A usted el dinero le sobra. Usted no se metió en esto por dinero, sino por ego y poder. Esta cualidad tiene ventajas y desventajas. Es una ventaja para el bolsillo de todos los contribuyentes de Estados Unidos, ya que tienen como presidente a alguien que no está tan obsesionado como otros por robarles su dinero. Y es una desventaja porque, si usted permite que su ego lo traicione y se deja llevar por las ramas, no va a ir a la raíz de los problemas, ni va a hacer cambios sustanciales que vuelvan a encarrilar a Estados Unidos bajo las reglas que su Constitución estableció. Convengamos que tanto usted como Hillary hicieron uso de un componente populista dentro de los varios que ofrece el populismo.

Ella, muy al estilo del Foro de São Paulo y de los socialistas latinoamericanos, por repetir hasta el cansancio que las cosas son gratis y que la deuda se combate con más deuda; y usted, por dividir a la sociedad con odio y buscar un enemigo externo a quien culpar por el desastre económico que está viviendo su país. Si su táctica populista fue para atraer las cámaras y ganar la contienda, veremos si cuando gobierne la inteligencia empresarial que ha acumulado durante más de cuatro décadas en el mercado sale a relucir. Espero que usted también tenga claro, como yo, que los veinte trillones de dólares de deuda que tiene Estados Unidos acumulada se deben a cinco factores que nada tienen que ver con los mexicanos: 1) la Reserva Federal; 2) la fallida guerra contra las drogas; 3) la guerra en Oriente Próximo; 4) el desastre que ha sido el sistema de salud Obamacare; y 5) rescatar bancos que hubiesen quebrado por dar préstamos hipotecarios a personas que no estaban en condiciones de pagarlos. Con lo cual, por mucho que usted construya ese muro, como no corte la hemorragia del inútil despilfarro en esos cinco factores, usted hará crecer la deuda, y cuando llegue el colapso del dólar —que va a llegar, porque el dólar solo tiene valor porque lo dice la FED y la gente así lo cree—, su ejecución será tan desastrosa como lo hubiese sido la de Hillary.

Señor Trump: si usted conoce las bases sobre las cuales se fundó su nación, sabrá que si una máquina del tiempo trajera a Thomas Jefferson, Benjamin Franklin y Alexander Hamilton a Estados Unidos hoy a evaluar su sistema de gobierno, los pobres hombres se decepcionarían al ver que el gobierno limitado que ellos establecieron se ha convertido en un Estado-niñera entrometido en la vida de sus ciudadanos y que ellos, en lugar de pedir libertad, están pidiendo seguridades pagadas con el dinero de otros. Que en lugar de libre mercado, existen bancos, industrias y corporaciones que papá Estado entra a salvar cada vez que se van a la quiebra. Que la religión se ha inmiscuido tanto en la vida política que en las escuelas no se enseña ciencia ni evolución. Que los estados cada vez son menos autónomos y que el imperio del gobierno federal cada día centraliza más el poder. A diferencia del resto de países, Estados Unidos fue la primera república en un mundo de monarquías, en las que nacer pobre y morir rico era imposible. Fue la única nación en establecer que los gobernantes no otorgan derechos. Que las personas ya nacen con el derecho a su vida, a su libertad y a la búsqueda de su propia felicidad. Y que el único objetivo del gobierno era garantizar el igual trato ante la ley de todas las personas para que, quien violara los derechos de otro individuo, fuera castigado con el peso de la justicia. Para las personas que creen, en cambio, que el individuo existe para mantener al gobierno, para aquellas que creen que, más allá de la garantía de esos tres derechos, el Estado está para repartir cosas «gratis», están los países del resto del mundo. La gente que no quiera vivir en libertad, porque les aterra hacerse responsables de las consecuencias de sus actos, pueden irse a vivir a cualquiera de los otros doscientos países disponibles en el mundo.

Por lo tanto, si realmente usted está haciendo esto por algo más que dinero, no permita que el conservadurismo religioso de los republicanos, que le da la espalda a la ciencia, atrofie los cerebros de las nuevas generaciones en las escuelas. Su país fue construido sobre la base del descubrimiento científico de miles de mentes individuales que, haciendo uso de su libertad, transformaron constantemente la forma en que vivimos. Tampoco permita que la cultura de papá Estado que todo lo da gratis —insertada en los latinoamericanos y en los mileniales— se adueñe de la idiosincrasia en un país cuya cultura fomentaba que cada individuo se forja su propio destino haciendo uso del derecho que tiene a la búsqueda de su propia felicidad, trabajando y siendo dueño del fruto de su esfuerzo.

Y aplique visión empresarial a problemas que nos urgen. Desde el punto de vista económico, la guerra contra las drogas es un rotundo fracaso. Son billones de dólares los que los contribuyentes pierden al año y el 80 por ciento de las drogas siguen entrando. Cuando renegocie los tratados de libre comercio, tenga en cuenta que liberalizar el comercio de bienes y de servicios sin hacer posible simultáneamente el libre flujo de personas, de trabajadores, del capital humano de un lugar a otro siempre va a ocasionar conflictos y descompensaciones a largo plazo.

Por último, si realmente quiere reducir la inmigración descontrolada de latinoamericanos a Estados Unidos, haga todo lo posible por evidenciar la corrupción y el lavado de dinero de los regímenes del socialismo del siglo XXI que han aniquilado la institucionalidad y el Estado de derecho, sin el cual la vida de la gente no está garantizada, la propiedad privada tampoco, y las libertades menos. Por eso huyen al único lugar que les garantiza la vida, la libertad y la propiedad privada. No es que se vayan a buscar cosas gratis. Se van a que los dejen trabajar y prosperar en paz. Tal vez, si usted denuncia la corrupción de los Castro, Maduro, Morales, Kirchner, Rousseff, Ortega y demás, las débiles y cobardes oposiciones latinoamericanas se pongan de una vez por todas los pantalones y también empiecen a defender las ideas y planes de gobierno que hagan que en nuestros países se garanticen los derechos individuales y así a la gente ya no le entren más ganas de irse.

Tengo muy presente que usted jamás leerá esta carta. Pero a mí me ha servido muchísimo como ejercicio profesional y personal.

Atentamente,

GLORIA ÁLVAREZ

Capítulo 10

Conservar el planeta limpio

El hecho de que un hombre conozca la diferencia entre el bien y el mal demuestra su superioridad intelectual sobre las demás criaturas, pero el hecho de que él pueda hacer el mal demuestra su inferioridad moral ante cualquier criatura que no puede.

MARK TWAIN

Los árboles son grandiosas y bellas máquinas, motorizadas por la luz del sol, que toman agua de la tierra y dióxido de carbono del aire, convirtiendo estos materiales en comida para sí mismos y para nosotros.

CARL SAGAN, *Cosmos*

Lo que me gusta de Sagan es su capacidad de describir los procesos científicos en términos de productividad. Resulta muy útil para la gente que cree que el ser humano es un ente aparte de los animales y del resto de la naturaleza, como seres divinos cuya creación es superior y absolutamente desconectada del resto de formas de vida. Sirve para explicarles a esas mentes por qué les debe importar, en términos de su propio beneficio, cuidar el planeta.

Al desarrollar un conocimiento científico sobre cómo estamos conectados con el resto del planeta y de seres vivos, nos damos cuenta de que la preservación del planeta depende de nosotros, la especie más inteligente que conocemos. Sin embargo, la solución no es, como los socialistas proponen, la regulación, la subida de impuestos o los congresos internacionales donde solo se intercambian cuotas económicas a cambio del derecho a seguir contaminando, como la propuesta del Protocolo de Kioto o el Tratado de París. Dicho sea de paso: si el Protocolo hubiera logrado algo positivo por la preservación del medioambiente, el Tratado de París nunca habría sido necesario.

Y precisamente para limpiar nuestro planeta del daño que nosotros mismos le hemos hecho —llenando los mares de plástico, matando a miles de seres vivos, talando árboles desmesuradamente, contaminando con basura que no reciclamos— debemos presionar por incentivar las soluciones que los mismos individuos inventan y que mejoran la vida de nuestro planeta: las carreteras hechas de plástico en Holanda; las mochilas con paneles solares para que los niños en África puedan hacer sus tareas en las aldeas sin electricidad; el ecofiltro guatemalteco; el convertidor de neblina en agua potable; los coches eléctricos; los parques eólicos; la energía geotérmica; o las discotecas cuyas luces se encienden con la propia energía que crean los asistentes al bailar.

Pero para que existan individuos que puedan otorgar soluciones eficientes, debemos poner la ciencia al alcance de los niños. Es por medio del método científico de hipótesis y experimentación como las generaciones futuras van a poder desarrollar herramientas que limpien nuestro planeta.

La Declaración de Heidelberg, publicada antes de la Cumbre de la Tierra, celebrada en Río de Janeiro en 1992, fue una voz de alerta lanzada al mundo por la comunidad científica. Estos científicos, entre ellos veintisiete premios Nobel, preocupados por la manipulación de los datos, las teorías y los supuestos científicos, hicieron un llamamiento a la cordura, y alertaron a la humanidad sobre los peligros de la pseudociencia y el catastrofismo ambiental. Sus argumentos, y los de otros grupos que compartían la misma preocupación, fueron sepultados en la propaganda que rodeó la reunión promovida por la Organización de Naciones Unidas. Por eso es importante rescatar sus palabras:

Los más grandes males que rondan nuestra tierra son la ignorancia y la opresión, no la ciencia, la tecnología y la industria, cuyos instrumentos, cuando son bien utilizados, son herramientas útiles para conformar el futuro de la humanidad por sí y para sí misma, sobrepasando los problemas de la sobrepoblación, la hambruna, y las pestes mundiales.[73]

Si los conservadores son en mayor medida que los socialistas los motores del mundo, nos conviene que dejen de verse como algo ajeno al planeta y los animales. La conciencia ecológica, en mi experiencia, existe más en el ala socialista —que quiere que sea papá Estado con dinero ajeno quien solucione el problema— que en el ala conservadora. Creen los conservadores que hablar de ecología es hacerles el juego a los marxistas culturales, pero tampoco hablan de la importancia de buscar soluciones individuales para cuidar nuestro planeta.

Y aquí es donde el trabajo de liberales como el ingeniero Juan Bendfeldt en *Ecohisteria y sentido común*, o de Richard L. Stroup en *Eco-Nomics: What Everyone Should Know About the Economics and the Environment*, son indispensables para las actuales generaciones de jóvenes que genuinamente quieren contribuir a revertir el daño que le estamos ocasionando al planeta, antes de que sigan siendo secuestrados por el marxismo cultural.

73. Bendfeldt, Juan, *Ecohisteria y sentido común* (CEES, Guatemala, 1996).

PARTE III

Es *Cooltura*.
El marxismo la ha secuestrado.
¡Debemos rescatarla!

Capítulo 11

Por qué a los conservadores les conviene dejar la batalla de las ideas en manos liberales

Al final, el péndulo político entre «izquierdas y derechas» se mueve sobre un mismo eje: el del estatismo. Se mueve entre intervencionistas conservadores e intervencionistas socialistas. Ambos bandos buscan la intervención del gobierno en nombre del Estado en los asuntos en los cuales pretenden controlarnos, imponernos sus agendas y valores, violando nuestros derechos individuales. Por eso, los verdaderos defensores de la libertad y demás derechos individuales no tenemos cabida en ese péndulo.

MARTA YOLANDA DÍAZ-DURÁN,
Libertópolis Guatemala

En el prólogo que Neil deGrasse Tyson escribe para la nueva edición de *Cosmos*, dice algo muy importante: la ciencia importa en la cultura. Su maestro, Carl Sagan, escribió décadas antes que una de las grandes tragedias de nuestro tiempo es que cada vez hay más gente que depende de los avances de la ciencia y de la tecnología para mejorar su vida, pero cada vez hay menos gente que sabe de ciencia y de tecnología.

Y precisamente, es la ignorancia ante la ciencia y el funcionamiento de la tecnología lo que lleva a las personas a aceptar explicaciones dogmáticas, fantásticas y sin evidencias racionales. Estos dogmatismos no solo dan lugar a fanatismos religiosos, señores conservadores. Los dogmatismos también son propulsores del marxismo cultural. Sí, de esa realidad tan aberrante que les golpea la cara todos los días. El marxismo cultural no es más que la demostración de que, en la batalla de las ideas, el marxismo está ganando, en parte porque ustedes rehúsan ir a por las banderas culturales que el marxismo ha tomado para sí. Pero no se preocupen, ya estamos yendo los liberales al rescate.

Nosotros, como no tememos ofender dogmas y aceptamos los avances que la ciencia nos otorga y las verdades que la ciencia nos demuestra, podemos ser más eficaces para dar la batalla de las ideas y retomar la cultura para quitársela al marxismo.

Como sostiene Ayn Rand en la sección «Conservadurismo: un obituario» de su obra *Capitalismo: el ideal desconocido* (Grito Sagrado, Buenos Aires, 2009):

> Mientras los comunistas sostienen que ellos son los representantes de la razón y la ciencia, los conservadores se lo conceden y se retiran al reino del misticismo, la fe, lo sobrenatural; hacia otro mundo, rindiéndole este mundo al comunismo. Esta es la clase de victoria que la ideología irracional del comunismo jamás habría podido ganar por sus propios méritos.[74]

Continúa Rand exponiendo:

> En años recientes [escribía en 1967] los conservadores han ido gradualmente reconociendo la debilidad de su postura en la falla filosófica que necesita ser corregida. Pero las formas que están utilizando para corregir esa falla son incluso peores que su debilidad original: sus medios son desacreditar y destruir los últimos recursos intelectuales que les quedan. Hay tres argumentos interrelacionados utilizados por los conservadores para justificar el capitalismo: el argumento de la fe, el argumento de la tradición y el argumento de la depravación.
>
> Sintiéndose en la necesidad de tener un argumento moral, muchos «conservadores» han decidido usar la religión como su jus-

---

74. Rand, Ayn, «Conservatism: An Obituary», en *Capitalism: The Unknown Ideal* (The Ayn Rand Institute/Penguin, Nueva York, 1967), p. 220.

tificación moral; sostienen que Estados Unidos y el capitalismo están basados en la fe hacia Dios. Políticamente, este argumento contradice los principios fundamentales de Estados Unidos, donde la religión, como asunto privado, no debe ni puede ser utilizada en asuntos políticos.

Intelectualmente, si uno basa sus argumentos en la fe, significa que le está cediendo a su enemigo el lado de la razón. Que uno no tiene argumentos racionales que ofrecer. Esto implica que los principios estadounidenses (y de cualquier nación) en pro de la libertad, la justicia, la propiedad privada y los derechos individuales descansan en una mística revelación y que solamente pueden ser aceptados como válidos por medio de la fe; que, en cuanto a la razón y lógica, el enemigo está en lo cierto, pero que los hombres deben considerar la fe por encima de la razón.[75]

Ahora veamos un segundo argumento, aparte de la fe, que los conservadores pretenden utilizar para ganar la batalla de las ideas: la tradición. Como explica Rand en 1967:

Ciertos grupos están intentando cambiar el significado del término «conservador» por uno opuesto al que actualmente tiene en el uso estadounidense y devolverlo a su significado del siglo XIX. Estos grupos declaran que ser conservador significa mantener el *statu quo*, el dado, el establecido independientemente de cuál sea este estatus, de que sea un estatus bueno o malo, correcto o equivocado, defendible o indefendible. Ellos declaran que debemos defender el sistema político estadounidense, no porque sea el correcto, sino porque nuestros ancestros lo escogieron; no porque sea bueno, sino porque es viejo.

Pero Estados Unidos fue creado por individuos que rompieron con todas las tradiciones políticas y que originaron un sistema sin precedentes en la historia, basándose en nada más que el poder de su propio intelecto. Pero, ahora, los neoconservadores están intentando decirnos que Estados Unidos fue el producto de «la fe en verdades reveladas» y su respeto sin críticas a las tradiciones del pasado.

Ciertamente, es bastante irracional usar lo «nuevo» como estándar de valor, creer que una idea o una política pública es buena

75. *Ibid.*

solo porque es nueva. Pero es igual de irracional usar lo «viejo» de algo como estándar de valor, afirmar que una idea o una política pública es buena solamente porque es antigua.

El argumento de que debemos respetar la tradición por sí misma implica que debemos aceptar los valores que otros hombres han escogido, simplemente porque otros hombres los han escogido. [...] Esto implica necesariamente que nosotros no somos nadie para cambiarlos.[76]

Añade Rand:

Es obvio que con este equipo teórico [religión y tradición] y con su récord histórico de derrotas, de compromisos con la izquierda y de traiciones a sus propios valores, los conservadores de hoy son inútiles, impotentes y culturalmente están muertos. Ahora solo pueden contribuir a destruir los estándares intelectuales, a desintegrar el pensamiento, a desacreditar el capitalismo y a acelerar el colapso de este país hacia la desesperanza y la dictadura.

Esto lo escribió Rand en los años sesenta, mucho antes de que la derecha oligarca latinoamericana en los años noventa gobernara traicionando los principios del libre mercado. Mucho antes de que el socialismo del siglo XXI ganara la batalla cultural y los votos en las urnas e, incluso, de que el socialismo volviera a ponerse de moda en Estados Unidos con los postulados del senador Bernie Sanders o la congresista Alexandria Ocasio-Cortez.[77] Escribe Rand:

No es evitando las cosas como uno salva la civilización. No es por medio de eslóganes vacíos como uno rescata un mundo que está sucumbiendo por falta de liderazgo intelectual. No es ignorando las causas como se cura una enfermedad mortal.[78]

---

76. *Ibid.*
77. Véase Álvarez, Gloria y Stossel, John, «Socialism Fails Every Time», disponible en <https://www.facebook.com/JohnStossel/videos/468858293603263/>.
78. Rand, Ayn, «Conservatism: An Obituary», en *Capitalism: The Unknown Ideal* (The Ayn Rand Institute/Penguin, Nueva York, 1967).

Y continúa:

Mientras los «conservadores» ignoren la raíz de lo que está destruyendo el capitalismo, y simplemente les imploren a los hombres
ir hacia atrás, no podrán escapar a la pregunta de: ¿Atrás a qué?
¿Adónde? Y ninguna de estas evasiones pueden camuflar el hecho
de que la respuesta implícita es: atrás a una etapa anterior del cáncer que nos está devorando, y ese cáncer es la moralidad del altruismo, que es completamente incompatible con el capitalismo.[79]

Mientras los conservadores, con tal de no perder votos, con tal
de no incomodar a las oligarquías, con tal de no ser políticamente incorrectos, sigan evitando el tema del altruismo, o diciendo:
«El problema es la corrupción, no el socialismo», la batalla de las
ideas la seguirá ganando el socialismo. Es demasiado tarde para
consensos y compromisos. La única manera de salvar al capitalismo, a la libertad y a la civilización es, como sugirió Rand, por
medio de la cirugía intelectual que implica destruir desde la raíz
el buenismo izquierdista socialista y abanderado del altruismo.

Creo que los únicos que contamos con el equipo médico adecuado y la voluntad necesaria para realizar dicha cirugía somos
nosotros, los liberales.

Como nos recalca Rand:

Si quieres salvar al capitalismo, solo hay un tipo de argumento que
debes adoptar y es el único que siempre puede ganar en un asunto
moral. Y ese es el argumento de la autoestima. Del individuo como
un fin en sí mismo. El derecho del individuo a existir como decida,
el derecho a vivir su propia vida.[80]

Es decir, no como un medio para que el colectivo socialista logre sus fines, ni tampoco como un medio para sacrificar su
esencia en nombre de instituciones conservadoras retrógradas
que aniquilan la posibilidad de que el ser humano ejerza su li-

79. *Ibid.*
80. *Ibid.*

bertad de expresión, su curiosidad intelectual e incluso su sexualidad como mejor le plazca.

Como lo expresa mi amiga Andrea Cuevas, licenciada en Relaciones Internacionales y empresaria:

> El conservadurismo inyecta pánico al cambio basando sus argumentos en pintar la más terrible película en la mente de los rebaños que prefieren escudarse detrás de una figura política, religiosa o de cualquier posición de poder para aceptar cualquier cosa como la verdad. No hay nada que me repugne más que ver a un individuo esclavizado por miedo al exilio familiar, social y, en muchos países, hasta con riesgo de ir a la cárcel o pagar con la vida, por el simple hecho de ser único, de querer perseguir su felicidad y tomar sus propias decisiones.
>
> Es un argumento falaz *ad antiquitatem*, tan característico de las sociedades con tintes conservadores rancios, y pensar que si algo se ha venido haciendo, o creyendo, desde épocas antiguas, entonces es que está bien o es verdadero, junto con la arrogancia de creer que un mismo número de zapato les queda bien a todos y por lo mismo, hay que forzarlo por el «bien de la sociedad» con leyes basadas en moralismos particulares de un grupo determinado.
>
> Y la hipocresía, con su prima la contradicción, que se pasean bailando por los salones gubernamentales y hasta privados, hacen que hasta el trago más fino caiga fatal a cualquier espectador verdaderamente libre y consciente que presencie esa danza macabra. Esas conversaciones que pretenden indicar qué es lo mejor para quién en su vida personal, ya que ellos, y solo ellos, tienen la alta posición moral. «No quiero que existas como eres, pero sí acepto tu voto y tus impuestos».
>
> Mientras sigan surgiendo individuos verdaderamente libres, veremos una sociedad en paz, basada en derechos individuales. Por siempre: ¡Libertad!».

Voy a poner dos ejemplos de batalla que muchos conservadores no pueden dar, por negar la evolución como una realidad y oponerse a hablar de feminismo, pero nosotros sí.

La primera tiene que ver con la aberración que el marxismo está implementando en nuestras culturas al clasificar a la gente por raza, etnia o nacionalidad. Los marxistas parecen ahora estar enseñándole a la gente que, si uno es negro, hay una forma de vivir como negro: oprimido y resentido con los blancos. Si uno parece indígena, hay una forma de vivir como indígena: bailando alrededor del fuego, odiando a los gringos y negándose a aprender español. Si se es mujer, hay una sola forma de ser mujer: comunista, desmaquillada, sin depilarse y odiando por encima de todas las cosas el pene masculino. Y, por supuesto, sin importar si eres negro, mujer, indígena o gay, como grupo victimizado según los marxistas, tu única obligación en el mundo es lograr que el Estado, por tu condición de víctima, te otorgue subsidios, proteccionismo y privilegios por encima de la ley.

Pues bien, gracias a que vivimos en el siglo xxi y la ciencia ha avanzado lo suficiente como para demostrarnos, con nuestro propio ADN, que el racismo, la xenofobia y la división de etnias es absolutamente estúpida, he aquí una eficaz manera en la que se puede combatir esta imposición del marxismo cultural. Sin embargo, para poder utilizarla, hay que aceptar la evolución como el hecho que es, algo que muchos conservadores, sobre todo en América Latina, se niegan a admitir.

Solución para los latinoamericanos que afirman que son de «pura raza indígena», para que por fin puedan expulsar de la región a todos los que no son puros como ellos:

Paso 1. Para que puedan presumir de que sus genes son en un 100 por ciento «puros indígenas», sin una sola mezcla, que empiecen por ir a sacarse una muestra de sangre y que les analicen su ADN. Así obtendrán su mapa genético y entonces podrán demostrarnos de una vez por todas que no son una licuadora genética, como el resto de la humanidad.

Paso 2. Una vez comprobada su pureza del 100 por ciento maya, inca, azteca, tolteca, etc., que les saquen sangre y les apliquen la prueba de ADN a los casi mil millones de habitantes que somos en América Latina y establezcan, «al estilo nazi», el porcentaje de sangre que debe contener genes indígenas para permitir que una persona siga viviendo en la región. Que establezcan también el porcentaje de ADN mezclado no permitido por el cual van a mandar a campos de concentración o al exilio a la gente que no cumpla «la cuota genética indígena mínima».

¿De cuánto va a ser? ¿Del 30 por ciento? ¿Del 40 por ciento? ¿Del 50 por ciento?

Hasta que no hagan eso, déjense de pendejadas y de hablar sobre una pureza de raza que no han comprobado. ¿Derechos por ser indígena? No, gracias. ¿Y por ser negro? Tampoco. ¿Y por ser mujer? ¡Menos! El racismo se cura con tu saliva en cinco minutos.

Por eso yo me opongo a los derechos por raza y género, sin importar si son derechos para indígenas, negros, latinos, chinos o mujeres. Ojalá todos se hicieran la prueba del mapa genético para que vieran su realidad. Todos somos una licuadora genética. Valemos porque todos somos individuos. Y, como individuos, tenemos tres derechos inalienables al nacer: vida, libertad y propiedad privada. No existe tal cosa como las razas: como especie somos la misma. Una vez más, la ciencia nos ayuda a dejarnos de estupideces y discriminaciones.[81]

El segundo ejemplo que quiero poner tiene que ver con el tema del feminismo. Abundaron los lobos conservadores disfrazados de ovejas liberales que saltaron a atacar a María Blanco cuando publicó su libro *Afrodita desenmascarada*. Planteando un excelente argumento, desde el prólogo de Juan Ramón Rallo, en el cual se explica que el feminismo de la primera ola es completamente compatible con el liberalismo, María hace un importantísimo trabajo para vencer al marxismo cultural dando la batalla de las ideas. Cuando la invité a hablar de su obra en mi programa de radio en Libertópolis, uno de los pensamientos que más caló entre el público fue que las actuales feminhistéricas no son responsables por las batallas ganadas a principios del siglo xx para que las mujeres podamos tener acceso hoy a la propiedad privada, al voto o a nuestra autonomía. Las mujeres les debemos eso a las feministas de los siglos xix y xx que buscaban la igualdad ante la ley, no privilegios por medio de la ley.

Si, en estas culturas machistas, religiosas y que someten a la mujer, las jóvenes que buscan librarse de esas cadenas, en lugar de encontrarse en los parques con una lesbiana marxista resentida con

---

81. Sobre el mapa genético, véase <https://www.facebook.com/AnnurTV/videos/1110741775634245/>.

los hombres que les lanza un panfleto comunista que las invita a no depilarse, y volver a papá Estado, su dios, tuvieran en cambio a su alcance libros como *Afrodita desenmascarada*, comprenderían que sus derechos a esta vida, a su libertad y a su propiedad los poseen por ser individuos, más allá de si deciden ser mujeres o no.[82]

Como tan bien lo describe José Benegas en su libro *Lo impensable: El curioso caso de liberales mutando al fascismo*:

> El nacionalismo católico y del falangismo en España, porque todos tienen contactos, como «pensamiento conservador» y «verdadero antídoto contra el marxismo». Para ese fascismo, el liberalismo siempre ha sido «marxismo», porque no tienen idea de lo que esa palabra quiere decir y, de hecho, se parecen mucho a los marxistas, sobre todo en sus métodos y su apelación permanente a las teorías conspirativas. La libertad es, para los creyentes, la mayor amenaza. La libertad ajena, sobre todo, es para ellos como un testigo molesto de lo sometidos que están. Ahora bien, para los liberales, ese fascismo siempre ha sido de izquierda.

A los conservadores les conviene dejarnos la batalla de las ideas, porque al abrazar la ciencia, y la realidad tal cual, los liberales tenemos mejores opciones de ofrecer argumentos lógicos y racionales que van más allá del dogma para las juventudes iracundas y confundidas que están buscando su lugar en el mundo. Ante el rechazo acérrimo que sienten hacia las doctrinas dogmáticas, porque los limitan para poder ser los individuos que quieren ser, prefieren abrazarse al marxismo cultural, que en la superficie les vende humo y les hace creer que el individualismo de sus personalidades será acogido y respetado.

Como concluye Rand en su «Obituario»:

> El capitalismo no es un sistema del pasado. Es el sistema del futuro, si es que la humanidad quiere tener un futuro. El conservadurismo siempre ha sido un término erróneo para Estados Unidos. Hoy, no hay nada más para conservar. La filosofía política establecida, la or-

---

82. El programa que hicimos con María Blanco se puede ver en <https://www.facebook.com/libertopoliscom/videos/1754823151200167/>.

todoxia intelectual y el *statu quo* son todos colectivistas. Y aquellos que rechazan todas las premisas del colectivismo son radicales en el sentido adecuado de la palabra: radical significa «fundamental», de la raíz. Hoy, los que peleamos en pro del capitalismo no podemos ser obsoletos conservadores en la quiebra, sino nuevos radicales, nuevos intelectuales y, sobre todo, nuevos moralistas.

Los beneficios de que los liberales nos desliguemos de los conservadores

En mi experiencia difundiendo las ideas de la libertad, siempre he visto que es mucho más eficaz hablar con las personas ajenas al movimiento liberal, primero desde una perspectiva filosófica sobre la filosofía que implica vivir una vida en libertad desde la importancia de la autonomía del individuo y el derecho a su vida, a su propiedad privada y a su felicidad, y posteriormente hablar de cómo, entonces, la libertad económica, el gobierno limitado y la separación absoluta entre Estado y economía y entre Estado y educación son consecuencias lógicas de la vida del individuo en libertad.

En enero de 2019, justo antes de entregar este libro a la editorial para su publicación, volvía de Washington, adonde fui invitada a participar en la LibertyCon, la décima conferencia anual organizada por Students For Liberty. Es una organización que se dedica a reclutar jóvenes en las universidades de los cinco continentes para exponerlos a las ideas liberales. Después, estos jóvenes realizan actividades para difundir nuestras ideas entre otras personas. A mi llegada, me dieron la sorpresa de que Miriam Isa, una periodista y presentadora estadounidense de raíces cubano-libanesas, que trabajó para la cadena de Hollywood E! Entertainment Television, había llamado a los organizadores de la LibertyCon porque quería entrevistarme.

Sabemos que Hollywood está sumamente influido por las ideas socialistas. Por eso, fue un honor para mí saber que alguien de ese sector había tomado un avión desde Los Ángeles para asistir a la conferencia y conocerme. Miriam me comentó que hacía más de tres años que su familia cubana, residente en Miami, le había enviado videos míos, pero que nunca los había visto porque chocaban mucho con la visión más afín al Partido Republicano conservador, típica de los cubanos exiliados en Miami por haber vivido las nefastas consecuencias del socialismo castrista.

Finalmente, un día se dispuso a ver los videos y se sintió identificada con mi mensaje. Durante los cuatro días que compartimos en Washington, Miriam no solo estuvo interesada en entrevistarme. Además, asistió a las conferencias de grandes académicos liberales y convivió con estudiantes de todos los rincones del planeta para conocer todo lo que pudo del movimiento liberal. Se llevó decenas de libros y material y ahora se encuentra en la fase de emprender una plataforma digital en la que va a incluir las perspectivas liberales.

El jefe regional en Islandia de Students For Liberty, Magnús Örn Gunnarsson, me expresó su escepticismo al ver a una demócrata de Hollywood en la conferencia, pero al ser testigo de la apertura mental de Miriam y su disposición a conocer más sobre el movimiento, me reconoció lo valioso que es proyectar nuestras ideas más allá de la economía y atraer así a personas como Miriam, que tienen un tremendo impacto en públicos que nuestro movimiento no es capaz de captar por sí solo.

Como señaló Hayek:

> La adhesión conservadora a las tradiciones conduce a la inacción, ya que implica bien la renuncia a ofrecer alternativas a la dirección en la que la sociedad se mueve, bien una actitud reaccionaria que los lleva a la marginalidad [...]. Los conservadores no tienen capacidad de impulsar cambio alguno cuando una determinada ideología se vuelve dominante. Ello explica su dilatada complacencia o complicidad con el colectivismo cuando han querido sobrevivir como una opción en el gobierno. [...] Otro aspecto crítico del conservadurismo es su concepción sobre cuál es la fuente última de los valores que inspiran el orden social. Para los conservadores, esta es trascendente, independiente, y ajena a los deseos y preferencias individuales. Léase la revelación divina, la tradición, la comunidad, la ley natural, una pluralidad de autoridades sociales, etc.[83]

83. Hayek, Friedrich, *Los fundamentos de la libertad* (Unión Editorial, Madrid, 1993), pp. 514-515.

También Hayek, en «Por qué no soy conservador»:

A diferencia de los conservadores, los liberales apoyamos la existencia de fuertes convicciones morales, de vigorosas instituciones sociales, de familias pujantes. Pero consideramos que no es labor del gobierno definir y/o imponer por decreto una única forma de lo bueno, de lo malo, de lo deseable, y de lo indeseable, de lo bello, o de lo feo, a una comunidad de individuos que por definición, no profesa un credo único.
Y esa es precisamente nuestra ventaja.

La batalla por los mileniales: el marketing liberal es más eficiente que el fascismo conservador para acabar con el marketing marxista

En mi libro *Cómo hablar con un izquierdista*, incluí la siguiente sección sobre los mileniales y las generaciones que vienen después de nosotros:

Yo soy milenial. Nací el 9 de marzo de 1985. Soy lo que se considera la primera camada de mileniales. Crecí sin saber que era una milenial. En esa época el *New Age* hablaba de los nacidos en los años ochenta como los niños índigo que venían a transformar el planeta. Mis recuerdos de cinco años incluyen ver las imágenes en la tele de la caída del muro de Berlín. Utilicé casetes, teléfonos de disco, y la primera computadora que usé tenía sistema DOS, como sus colores: negro y naranja. Sabía del Titanic antes de la película, del secuestro del hijo de Lindbergh, de boleros y Mecano. Crecí en un mundo sin teléfonos móviles y a los quince años por primera vez jugué a las serpientes en un Nokia. Mis clases de mecanografía en sexto de primaria las hice en una máquina de escribir. Crecí rodeada de libros de papel y todavía me dejaron jugar a la intemperie con mis perros, subiéndome a los árboles y chapoteando en el lodo sin aplicarme antibacterial. Nosotros, los milenial 1.0, tenemos mucho que recordarles a los milenial 2.0 (nacidos entre 1990 y 1995) y a los 3.0 (nacidos de 1996 en adelante). La mitad de la batalla ya está ganada por el aprecio que le tiene el milenial a su libertad, su individualidad, a las tecnologías, a la ciencia, la irreverencia ante las instituciones y la apuesta por el emprendimiento personal. Pero la otra mitad dependerá de nosotros, los defensores de la libertad, de que podamos ser tan efectivos en 140 caracteres como en Snapchat, para hablarles a los mileniales 2.0 y 3.0 en su idioma.

También expliqué:

El Instituto Cato realizó un estudio sobre por qué los mileniales son izquierdistas y consideran el socialismo como una solución. En sus hallazgos, se descubrió que el milenial es socialista porque no sabe lo que es socialismo.

Solo uno de cada diez mileniales que apoyan el socialismo puede definir el concepto de lo que significa este sistema. El milenial vive en una disonancia cognitiva que no le retumba. Por eso es fácil verlo con un iPhone y un estuche protector con la cara del Che Guevara y puede pasar años sin que esta contradicción le repercuta. Sin embargo, el estudio también demuestra que los mileniales valoran mucho su libertad individual y son la generación que más rechaza el racismo, el machismo, la subyugación de la mujer y el clasismo. También se demuestra que el milenial tiene una alta confianza en las tecnologías como herramientas para superar los problemas ecológicos y humanitarios a los que nos enfrenta el siglo XXI. Y por si fuera poco, el milenial también tiene un aprecio por la cultura del emprendimiento.

Siendo la generación que ha contado con toda la información que la especie humana ha recopilado desde sus inicios hasta hoy, la inmediatez también hace que el milenial no profundice en sus conocimientos. La batalla por ganar las mentes de los mileniales se lleva a cabo segundo a segundo en las redes sociales. Sabiendo los izquierdistas de la disonancia cognitiva de los mileniales y su poco aprecio por el estudio y la lectura en profundidad, comúnmente tratan de ponerlos de su lado. Por eso, si confiamos en que la libertad no debe desaparecer del ideario de la humanidad, quienes la defendemos debemos utilizar las redes sociales para ayudar a los mileniales a ver los mensajes que están latentes en el arte en general.

Pero a diferencia de los conservadores, los mileniales tienen más propensión a la libertad que a seguir instituciones que la obstruyan. Por eso, los liberales tenemos muchas más opciones de ganar la batalla por los mileniales.

Capítulo 12

Los costos humanos, económicos y sociales de negar la evolución como la realidad que es

Llegará una época en la que una investigación diligente y prolongada sacará a la luz cosas que hoy están ocultas. La vida de una sola persona, aunque estuviera toda ella dedicada al cielo, sería insuficiente para investigar una materia tan vasta... Por lo tanto este conocimiento solo se podrá desarrollar a lo largo de sucesivas edades. Llegará una época en la que nuestros descendientes se asombrarán de que ignoráramos cosas que para ellos son tan claras... Muchos son los descubrimientos reservados para las épocas futuras, cuando se haya borrado el recuerdo de nosotros. Nuestro universo sería una cosa muy limitada si no ofreciera a cada época algo que investigar... La naturaleza no revela sus misterios de una vez para siempre.

Séneca, *Cuestiones naturales*,
Libro 7, siglo i d. C.

En los tiempos antiguos, todos los sucesos mundanos se relacionaban con los acontecimientos cósmicos. [...] Nuestros antepasados estaban ansiosos por comprender el mundo, pero no habían dado todavía con el método adecuado [...] Hoy en día hemos descubierto un poderoso y elegante método para comprender el universo: un método llamado ciencia. [...] Nos hemos ido alejando cada vez más del cosmos. No prestamos tanta atención a las estrellas como nuestros ancestros. Nos parece algo remoto e irrelevante. Pero la ciencia no solo ha descubierto que el universo posee una asombrosa grandeza llena de enseñanzas, sino que también nosotros, en un sentido muy real y profundo, somos parte de ese cosmos. Nacimos de él. Nuestro destino está conectado a él. Los acontecimientos humanos más básicos y las cosas más triviales están conectadas con el universo y sus orígenes. [...] Aquellos que lo entienden, tienen más probabilidades de sobrevivir.

CARL SAGAN, *Cosmos*

Admitámoslo. Desde las pésimas decisiones sexuales, ecológicas y medicinales y los nefastos planes de comida basura de gobiernos populistas, pasando por una reducción en la capacidad cerebral de nuestros niños en las aulas, hasta la mala nutrición de las personas en la pobreza por un desconocimiento de la biología del cuerpo humano y el ADN: negar la evolución nos lleva a grandes pérdidas económicas, sociales y humanas.

Precisamente porque la ciencia es inseparable del resto de acontecimientos que afectan a la humanidad, no puede ser discutida sin entrar en contacto, algunas veces de manera chocante y otras incómoda, con un sinnúmero de asuntos, prejuicios y preconceptos religiosos, sociales, políticos y filosóficos.

La ciencia es un proceso constante y continuo. Nunca termina. No existe una sola verdad absoluta que haya que alcanzar, después de la cual todos los científicos se puedan retirar. La ciencia no tiene como misión ponerse en guerra contra las creencias místicas que la humanidad ha sostenido durante todos los siglos antes de que el proceso de hipótesis, observación y análisis que conocemos como método científico empezara a ser descubierto por la humanidad, hace aproximadamente trescientos años.

Durante miles de años, los seres humanos fueron oprimidos y algunos de nosotros aún lo están por la noción de que el universo es una marioneta cuyas cuerdas son controladas por un dios o varios dioses, invisibles e inescrutables. De repente, en las antiguas colonias griegas surgen personas que comienzan a contemplar la idea de que estamos hechos de átomos, de que los seres humanos y otros animales hemos surgido de formas de vida más simples; que las enfermedades no son causadas ni por demonios ni por dioses; que la Tierra es tan solo un planeta más que gira alrededor del Sol y que las estrellas se encuentran a muchísima distancia.

Y es que la sabiduría es un prerrequisito para la supervivencia. Precisamente por esa razón la humanidad se ha posicionado como la especie líder del planeta. No somos los más fuertes. Somos los más inteligentes. La especie que pudo, con su cerebro y sus pulgares, observar la realidad y poder transformar los elementos que esta realidad provee —flora, fauna, minerales—, y crear medicinas, alimentos, refugios, con los cuales sobrevivir, pero también las herramientas que nos permitieron desarrollar la capacidad de comprender la lógica del universo: las matemáticas, la química, la física.

Y con el uso de esas herramientas, hemos descubierto que estamos hechos de ADN, al igual que todos los seres vivos que existen en este planeta. Y el ADN es la primera clave para comprender lo que es la evolución.

En mi entrevista en Radio Libertópolis a la veterinaria guatemalteca Vanessa Granados, autora del libro *Pendejología, ¿animal, yo?*, una de las preocupaciones que le expresé es la influencia que tiene negar la evolución como un hecho.[84]

En nuestra conversación, hablamos sobre el peligro que conlleva que haya gente que no sabe mucho acerca de la ciencia, y que a pesar de negarla, acceden a posiciones de poder. Esa es una receta para el completo desmantelamiento de nuestra democracia informada.

Senadores como Mike Pence se paran frente al Congreso de Estados Unidos, una nación que en sus inicios estipuló que la libertad religiosa era imperativa y también la separación de Iglesia y Estado, para decir que en las aulas de los colegios no debe enseñarse la evolución como un hecho, sino como una teoría.

Cada minuto que alguien continúa negando lo que realmente está ocurriendo, está contribuyendo a retrasar las soluciones políticas que debieron establecerse hace años para avanzar como humanidad y como sociedad. Como votante, como ciudadano, las cuestiones científicas son cruciales.

¿Acaso no vale la pena, al menos, decir: «Voy a intentar comprender lo que la ciencia me está diciendo para entonces poder comprender por qué sostiene los postulados que sostiene»?

84. Se puede ver el programa en <https://www.facebook.com/GloriaAlvarez/videos/1189860651030090/>.

Y conviene que comprendamos esto cuanto antes, para poder seguir las conversaciones políticas sobre cómo resolver los problemas a los que nos enfrentamos de una manera racional, congruente y lógica. Ya en 1996, el papa Juan Pablo II admitió la evolución como un hecho, al igual que el papa Francisco I.[85]

Pero, si la evolución es un hecho, ¿por qué se llama «teoría», en lugar de «ley» de la evolución?

La palabra *teoría*, en el ámbito científico, tiene una connotación completamente diferente al uso coloquial y social de la palabra. Una teoría científica es una hipótesis comprobada por la observación, la experimentación y la evidencia. La evolución es un hecho comprobado por muchas evidencias. Tres de ellas son:

1) Fósiles: gracias al estudio de los fósiles, hemos descubierto especies que existieron antes y no existen hoy día. Pero también, que muchas de ellas tienen una conexión directa con las que existen hoy.

2) Anatomía biológica: en los mamíferos por ejemplo, el desarrollo de los cigotos nos demuestra que vacas, perros, delfines y seres humanos siguen el mismo patrón. En el segundo capítulo de la serie *Cosmos* (2014), se relata de una manera bastante comprensible cómo los mamíferos se desarrollaron posteriormente a la caída del meteorito que acabó con los dinosaurios y otras especies hace más de sesenta millones de años. Dicho meteorito dio paso también a especies que no se habrían desarrollado de no ser porque los dinosaurios se extinguieron. Entre esas especies que lograron abrirse paso, estamos nosotros, los mamíferos.

3) ADN: si te sacas una muestra de sangre y analizas tu propio ADN, lo puedes comprobar. En trescientos años, la ciencia ha comprobado hechos que la religión desconoció durante siglos. La ciencia no tiene la culpa de que en su búsqueda de la verdad haya evidenciado la falsedad de mitos religiosos, como por ejemplo que la Tierra era el centro del universo. Como la ciencia busca la verdad, va comprobando con observaciones y evidencias

85. «El papa acepta que el evolucionismo es conciliable con el dogma católico», *El País*, 24 de octubre de 1996.

cada vez más hechos que muchas veces contradicen lo que algunos científicos habían propuesto con anterioridad. Otras veces, los nuevos hallazgos lo confirman. El ADN y su descubrimiento en los años cincuenta demostró lo que Charles Darwin había propuesto.

Sí. Hay cosas que la ciencia comprueba que son verdades: la electricidad, la fuerza de la gravedad, el ADN, las medicinas y las pruebas de paternidad son ejemplos de dichos resultados. Por lo tanto, la ciencia mira al universo con humildad. Como decía Carl Sagan: «¿Quién es más humilde? ¿El científico que mira al universo con una mente abierta a aceptar lo que el universo nos tenga que enseñar? ¿O alguien que dice: "Todo en este libro tiene que ser considerado verdad literal, y nunca importará la falibilidad de los humanos implicados en la escritura de este libro"?». Y también:

> Los secretos de la evolución son la muerte y el tiempo: la muerte de un gran número de formas vivas que estaban imperfectamente adaptadas al medio ambiente; y tiempo para una larga sucesión de pequeñas mutaciones que eran accidentalmente adaptativas, tiempo para la lenta acumulación de rasgos producidos por mutaciones favorables. Parte de la resistencia que hay a las ideas de Darwin y Wallace deriva de nuestra dificultad en imaginar el paso de los milenios, mucho más de millones de milenios. ¿Qué significan setenta millones de años para unos seres que viven solo una millonésima de este tiempo? Somos como mariposas que revolotean un solo día y piensan que eso es todo.[86]

En su libro *La tabla rasa*, el psicólogo Steven Pinker nos informa:

> En Estados Unidos, solo el 15 por ciento cree que la teoría de la evolución de Darwin es la mejor explicación del origen de la vida en la Tierra. Los políticos de derechas aceptan explícitamente la teoría religiosa, y ningún político de los habituales se atrevería a cuestionarla en público. Pero las ciencias modernas de la cosmología, la

86. Sagan, Carl, *Cosmos* (Planeta, Barcelona, 2004).

geología, la biología y la arqueología hacen imposible que una persona con conocimientos científicos pueda creer que la historia bíblica de la creación realmente ocurriera. En consecuencia, la teoría judeocristiana de la naturaleza humana ya no cuenta con la aprobación explícita de la mayoría de los académicos, periodistas, analistas sociales y otras personas del ámbito intelectual.

Si estos son los índices de un país que fue creado sobre las bases del raciocinio, la lógica y la separación absoluta entre gobierno y religión, ¿cómo estaremos en América Latina, donde el misticismo, el dogmatismo y el fanatismo están a la orden del día en nuestros políticos y medios de comunicación?

Como no tenemos estadísticas certeras en América Latina sobre cuántas personas admiten o niegan la evolución, recurrí a hacer una encuesta informal en mis cuentas de Facebook, Twitter e Instagram, que en total suman 850.534 seguidores. En la votación participaron 22.621 personas y los resultados fueron que un 85 por ciento acepta la evolución como un hecho frente a un 15 por ciento que no la acepta como un hecho. Obviamente, esta no puede ser una muestra representativa de lo que los latinoamericanos sostienen en general, pero el ejercicio fue interesante.

Sin embargo, ¿acaso la aceptación de la evolución no nos llevó ya al darwinismo social que influyó en el nazismo? Escribe Pinker en su prefacio a *La tabla rasa*:

Muchos piensan que reconocer la naturaleza humana significa aprobar el racismo, el sexismo, la guerra, la codicia, el genocidio, el nihilismo, la política reaccionaria y el abandono de niños y desfavorecidos. Cualquier propuesta de que la mente posee una organización innata supone un golpe para las personas no porque pueda ser una hipótesis incorrecta, sino por tratarse de un pensamiento cuya concepción es inmoral.

Por supuesto que la ciencia ha sido utilizada para justificar la destrucción de la humanidad. Y eso es porque la ciencia es una herramienta. Somos nosotros los que, con nuestras decisiones, actuamos para utilizar esa herramienta de acuerdo con nuestros motivos. Y nuestros motivos pueden ser perversos o pueden ser humanitarios. Con los sufrimientos y lecciones que aprendimos en el siglo xx y los conocimientos que hemos acumulado en el siglo xxi, no debería existir motivo para que la ciencia sea utilizada para la destrucción de la humanidad, sino para su supervivencia. Como ya expliqué, cuestiones como el racismo, la xenofobia y el sexismo quedan absolutamente superadas gracias a que nuestro propio ADN nos demuestra que todos somos una licuadora genética llamada humanidad.

En su libro *Neurociencias para presidentes* (Siglo xxi, Buenos Aires, 2017), Diego Golombek y Nora Bär hacen un excelente trabajo para exponer «todo lo que debe saber un líder sobre cómo funciona el cerebro y así manejar mejor un país, un club, una empresa, un centro de estudiantes o su propia vida». Precisamente por la abundancia de líderes políticos ignorantes sobre la ciencia, la neurociencia y la evolución, iletrados en temas que conciernen al cuerpo y la mente humana, dichos líderes usan el dogmatismo que deviene en el fanatismo populista que tanto daño nos hace en América Latina. Cuando en realidad, como dice Carl Sagan, la biología es más parecida a la historia que a la física. Tienes que entender el pasado para poder entender el presente. Y tienes que conocerlo exhaustivamente en cada detalle. Aún no existe una teoría predictiva en la biología, de la misma manera en que aún no existe una teoría predictiva de la historia.

Gracias al estudio y la comprensión que me he procurado sobre la evolución del cuerpo humano y su funcionamiento, pude diseñar una política pública para transformar el sistema educativo en Guatemala con el propósito de aniquilar la desnutrición crónica que en mi país afecta a uno de cada dos niños menores de cinco años. Mucho se habla de la desnutrición en Guatemala. Al ser el segundo país de América Latina con los índices más altos de desnutrición, solamente por debajo de Haití, y el sexto a nivel mundial, es lógico que la desnutrición sea un tema que se toca en medios de comunicación, en estudios y análisis de ONG, en los programas de las principales instituciones públicas, en cada foro de desarrollo económico que se realiza en el país y prácticamente en cualquier oportunidad en que la pobreza sale a relucir. Sin embargo, las políticas públicas actuales y las iniciativas para acabar con la desnutrición infantil no contemplan el empoderamiento cultural, económico e intelectual de las niñas y adolescentes en edad escolar como la solución más eficaz para este problema. Ante esta realidad, la tesis principal de mi propuesta es: refuerzo del plan de estudios académico en los grados de cuarto de primaria hasta tercero de secundaria en cincuenta escuelas públicas para el eficiente empoderamiento de las niñas y adolescentes en riesgo de convertirse en madres de niños con desnutrición crónica en Huehuetenango, San Marcos, Quiché y Totonicapán.

Cuando se argumenta que la desnutrición infantil es meramente una de las consecuencias de la irresponsabilidad sexual de procrear más criaturas de las que se pueden alimentar y educar, es común que las reacciones en el país sean de descontento. No está bien visto, ni entre los medios de comunicación ni entre las élites intelectuales del país, decir que la responsabilidad de alimentar a estos niños recae en sus madres y en sus padres. A estas personas se las considera ampliamente víctimas incapacitadas de responsabilizarse de sus actos sexuales y mucho menos de sus hijos. Esta visión impide que en los debates sobre desnutrición se discuta el papel que el machismo tradicional o las creencias religiosas desempeñan en la cantidad de niños desnutridos que a diario mueren en el país.

El problema es que, para que una persona pueda hacerse responsable de sus actos (incluidos los sexuales), primero esta persona debe ser libre. Y aquí, la realidad que nos demuestran los estudios y la experiencia empírica es que las mujeres no son libres de tomar las decisiones económicas, sociales, culturales y profesionales que afectan a su vida.

El proceso de empoderamiento requiere que, antes de que se pueda responsabilizar a estas mujeres por la adecuada alimentación de sus hijos, primero se deben analizar las vías capaces de liberarlas de esas ataduras culturales, proveyéndoles la información pertinente que les permita ser ellas mismas quienes posean el control absoluto sobre su cuerpo, sus finanzas y sus hijos.

En las sociedades altamente conservadoras, como la guatemalteca, a nadie le gusta aceptar que la desnutrición no es más que una de las causas del machismo, la misoginia y los tabúes religiosos y culturales que tienen a nuestras mujeres atrapadas en una red en la cual entran desde los doce años de edad y permanecen en ella hasta el día de su muerte. La consecuencia inmediata son decenas de miles de niñas menores de catorce años que dan a luz bebés que nacen condenados a padecer desnutrición crónica.

Y ¿qué conlleva empoderar a la mujer? Conlleva precisamente reforzar el sistema educativo público al cual tienen acceso para incluir en él los ejes principales que hagan a la mujer dueña de su cuerpo, de sus decisiones económicas y de su vida sexual.

La teoría de Girl Effect[87] [Efecto Niña] es que la única forma de aprovechar realmente ese margen de mil días para salvar a cualquier bebé de la desnutrición es iniciar el cambio cuando esa potencial madre llega a los trece años de edad.

Algunos resultados que se han obtenido al llevar a la práctica el Efecto Niña son los siguientes:

— Cuando una niña que vive en un país en desarrollo recibe siete o más años de educación, se casa cuatro años más tarde y tiene 2,2 hijos menos.
— Un año más de educación en primaria aumenta el sueldo de las niñas entre un 10 y un 20 por ciento en el futuro, y un año extra de secundaria, entre un 15 y un 20 por ciento.
— Investigaciones en países en desarrollo han concluido que existe una fuerte relación entre una mejor salud en bebés y niños y unos altos niveles de educación en las madres.
— Cuando las mujeres y las niñas tienen ingresos económicos, ellas reinvierten un 90 por ciento en sus familias, frente al 30 o 40 por ciento en los hombres.

Para comparar estos resultados con los avances alcanzados en Guatemala, el Informe sobre Desarrollo del Banco Mundial arroja algunas condiciones que en Centroamérica han permitido superar algunas disparidades de género:

87. Véase <https://www.youtube.com/watch?v=Gh74JkYRtIc>.

- La matrícula escolar entre mujeres ha aumentado.
- Incremento en la esperanza de vida de las mujeres. Desde 1980, las mujeres viven más años que los hombres en todo el mundo.
- La participación en la fuerza de trabajo. Excepto en Guatemala, entre 1997 y 2006, todos los países centroamericanos atestiguaron un incremento en el ingreso del mercado laboral de las mujeres.

Para implementar el refuerzo de este programa de estudios, esta política propone la creación de un Comité de Reforma dentro del Ministerio de Educación que lleve a cabo un programa piloto que sea evaluado en la culminación de la primera generación de alumnos cuando estos finalicen sus estudios en tercero de secundaria. Este programa piloto se debe implementar en cincuenta escuelas de cada región de los cuatro más afectadas por la desnutrición en el país.

Este comité deberá estar compuesto por diez profesionales:

- Un profesional en sexología adolescente: diseñará un programa de estudios de educación sexual y reproductiva que vaya desde lo general hasta lo más específico en cuatro trimestres por cada año escolar entre cuarto de primaria y tercero de secundaria en las escuelas públicas del país. El método que más se promoverá es la abstinencia. Pero si en un aula hay al menos una niña que pertenezca a una religión aparte de la católica, el curso deberá incluir información sobre todos los métodos anticonceptivos existentes: preservativos, pastillas, inyecciones, etc.
- Un profesional en biología diseñará un programa de estudios que incluya el estudio del cuerpo humano, sus distintos sistemas y organismos, la biología del embarazo materno y la formación del feto, que vaya desde lo general hasta lo más específico en cuatro trimestres por cada año escolar entre cuarto de primaria y tercero de secundaria en las escuelas públicas del país.
- Un médico pediatra diseñará un programa de estudios acerca de las enfermedades más comunes por falta de higiene,

buena nutrición y cuidados preventivos que puedan afectar a las potenciales madres y bebés. Cuatro trimestres por cada año escolar entre cuarto de primaria y tercero de secundaria en las escuelas públicas del país.

— Un nutriólogo diseñará un programa de estudios acerca de los nutrientes más importantes que requiere el cuerpo humano, los trastornos alimentarios, la adecuada preparación de los alimentos y la planificación de la alimentación diaria en el hogar a través de menús semanales y clases de cocina. Cuatro trimestres por cada año escolar entre cuarto de primaria y tercero de secundaria en las escuelas públicas del país.

— Un economista se encargará de diseñar un plan de estudios que abarque los conceptos fundamentales de la economía, tales como escasez, deuda, oferta, demanda, precio, mercado, valor, costo de oportunidad, utilidad marginal, administración del presupuesto, salarios, ahorro y cualquier otro concepto pertinente. Cuatro trimestres por cada año escolar entre cuarto de primaria y tercero de secundaria en las escuelas públicas del país.

— Un profesional en filosofía y *life coaching* diseñará un programa de estudios para un curso de Ética que abarque las estrategias para el empoderamiento, la autoestima y el conocimiento.

— Un pedagogo coordinará que los esfuerzos de todos estos profesionales vayan acordes a las necesidades pedagógicas de los maestros de las escuelas públicas. Este los ayudará en el diseño de actividades interactivas, material didáctico y organización de la información, entre otros.

— Un ingeniero de sistemas y profesional de la informática ayudará al Comité en las herramientas tecnológicas que pueden ser utilizadas para cada uno de estos cursos. Computadoras, tabletas, redes sociales, internet, bibliotecas virtuales, material audiovisual, etc.

— Un ingeniero medioambiental desarrollará un modelo extracurricular para involucrar a los alumnos en buenas prácticas para el cuidado y preservación del medioambiente en materia económica y cultural.

— Un equipo de traductores y asesores del Proyecto Miriam por cada idioma maya que se requiera y que dominen el idioma español para traducir el programa de estudios de la forma más adecuada. Se contactará al Proyecto Miriam para que proporcione asistencia en los cursos que ellos ya imparten, como: «Educación Sexual desde la Cosmovisión Maya» y «Prevención y Superación de la Violencia contra la Mujer».

De esta manera, procederá a evaluarse este modelo comparado con el actual y así poder determinar si, en efecto, contribuye a disminuir la tasa de desnutrición crónica entre las familias de los alumnos de este plan piloto.

Esta reforma del programa escolar educativo pretende centrar la atención en los componentes de los programas que puedan facilitar o mejorar dichas interacciones sociales y que a través de esta vía puedan contribuir al cambio en las aspiraciones de las mujeres, en las normas sociales y mejorar los impactos de un mayor desarrollo. Dichos impactos sobre los comportamientos y normas sociales constituyen un área prometedora para aniquilar las verdaderas raíces que ocasionan que uno de cada dos niños en Guatemala padezca desnutrición crónica.[88]

Espero que este ejemplo pruebe lo que el buen entendimiento de la evolución humana puede lograr para el desarrollo de las sociedades latinoamericanas con la aplicación de políticas públicas basadas en la lógica y el raciocinio y alejarnos así de los líderes dogmáticos, iletrados y populistas que tanto daño nos han hecho.

Para el Día de la Madre

En el momento en que cayó el meteorito que acabó con la vida de los dinosaurios hace más de sesenta millones de años, la poca vida que sobrevivió tuvo que recurrir a adaptarse a las penumbras bajo tierra para poder subsistir. En

88. Más detalles sobre esta propuesta de política pública en <http://www.academia.edu/6616042/POLITICA_PUBLICA_GLORIA_ALVAREZ>.

la superficie no había posibilidades de existir, pues tras el desastre meteórico, una serie de gases imposibilitaban cualquier opción para las especies. Hasta este momento, no existían mamíferos en el planeta. La manera más común de reproducción era depositar huevos en lugares seguros para luego recoger a las crías. Pero el ambiente subterráneo difícilmente garantizaba un refugio seguro para ellas, que eran abandonadas por sus madres para buscar comida y volver. Los constantes movimientos telúricos, y la incertidumbre bajo tierra, hizo que sobrevivieran aquellas especies que lograron adaptar sus cuerpos para llevar dentro de sí mismas los huevos que garantizarían la vida segura para las crías. Así surgieron los primeros vientres maternos. Así evolucionaron los primeros mamíferos. Siendo al inicio pequeños roedores.

Con el paso de los milenios, se volvió seguro retornar a la superficie, y fue entonces cuando la diversidad animal floreció. Fue entonces cuando nuestros ancestros empezaron a trazar los primeros pasos de la humanidad.

Así que sí: ha sido un largo camino. Muy largo y repleto de féminas que lucharon por mantener a sus crías vivas. Su esfuerzo es lo único que permite que hoy tú y yo estemos aquí vivas. Sin una de ellas en tu pasado, no existirías. Y desde ese maravilloso regalo que es la vida, celebro a mi mamá, Yvette Cross, a mi abuelita Gloria y a mi tatarabuela Luisa Martínez Casado, cuya apasionante historia como actriz de teatro en el siglo XIX por toda América Latina me ha inspirado de maneras muy profundas, conectándome con ella sin jamás haberla conocido. Hoy las celebro a ellas y a todas las mujeres que tuvieron que existir, llenarse de coraje y salir adelante para que hoy yo esté aquí viva. Feliz día a todas las madres.

Capítulo 13

La importancia de abrir la mente: sí existe ética y moral sin religión. Y también amor.

> En la vastedad del espacio y en la inmensidad del tiempo, es mi júbilo compartir un planeta y una época con Annie.
>
> CARL SAGAN, dedicatoria de su libro *Cosmos*

> Parecen existir muchas personas que simplemente desean que alguien les dé una respuesta, cualquier respuesta, y así evitarse la carga de tener en la cabeza dos posibilidades mutuamente excluyentes al mismo tiempo.
>
> CARL SAGAN, *Cosmos*

En el prólogo de *Cosmos*, la esposa de Sagan, Ann Druyan, describe en una frase la esencia de por qué sí se puede ser una persona ética y moral sin religión: «Para Carl, lo espiritual estaba profundamente enraizado con la realidad de la naturaleza». Su secreto para poder hacer esto, añade, «es que él pudo recapturar la persona que fue antes de entender un concepto y luego volver a recrear el trayecto de cada uno de los pasos que dio para aprender a pensar hasta llegar a la comprensión. Y funcionó. Él inspiró a legiones a estudiar, a enseñar y a hacer ciencia».

La Biblioteca del Congreso de Estados Unidos incluyó *Cosmos* como uno de los ochenta libros que formaron a Estados Unidos. En esa lista se incluyen *El sentido común*, de Thomas

Paine, y el primer libro que se incluye es, de hecho, uno también de ciencia, *Experimentos y observaciones sobre electricidad* (Alianza, Madrid, 1988), de Benjamin Franklin. Vale la pena tener esto en cuenta.

Existimos quienes le encontramos sentido a la vida y a nuestra propia existencia en las enseñanzas que nos brindan la ciencia, la biología, la astrofísica, la evolución, la medicina y la neurociencia. Que nos maravillamos al entender la realidad del cosmos y nos regocijamos al estudiar lo complejo de nuestro ADN y nuestras galaxias. Existimos quienes nos hemos cuestionado la creencia que nos impusieron en el lugar geográfico donde nacimos y que nos dimos cuenta de que las necesidades psicológicas particulares que brotan en algunos individuos de recibir un mayor consuelo ante diversas tragedias personales —adicciones, muertes, intentos suicidas, falta de autoestima, crisis económicas, infidelidades o despidos laborales— no cuentan como evidencia de que su creencia en seres antropomórficos con conciencia moral y humana sea real o comprobable.

Tampoco hemos permitido que la sociedad nos intimide obligándonos a creer por miedo a no pertenecer a ella. Eso no nos hace malvados, ni inferiores, ni vacíos ni faltos de sentido sobre la vida. Mucho menos nos hace personas menos éticas ni morales que las personas creyentes en alguno de los dioses que las religiones le han ofrecido a la humanidad durante miles de años. Simplemente, nos hace seres humanos con una curiosidad infinita y un respeto irrestricto por comprender la realidad tal cual es; sin conformarnos ni dejarnos intimidar por historias que nos impiden aceptarla como la vamos comprendiendo día a día, en el proceso infinito de miles de mentes en libertad, haciendo uso del descubrimiento científico.

En este entorno, la defensa del pluralismo y la constitución de sociedades civiles vivas reposan en el ejercicio de la persuasión, la libertad y el ejemplo individual, no en el intervencionismo del Estado. El paternalismo es un insulto proferido contra los seres humanos adultos, racionales y responsables. Por añadidura, la moralidad impuesta por la fuerza es profundamente inmoral.

En esta línea, una de las preocupaciones centrales de los conservadores es la decadencia moral y cultural de las sociedades contemporáneas en contraste con una anterior e hipotética Edad de Oro, en la cual la presencia de estándares absolutos de verdad y moralidad y el respeto por la religión y la autoridad eran los sustratos dominantes en las sociedades occidentales.

Como lo expresa María Blanco en *Afrodita desenmascarada*, el aborto, la pornografía y las relaciones homosexuales quizá resultan ofensivas para las mentalidades conservadoras, pero ello no justifica ni legitima una intervención estatal para convertir preferencias y gustos individuales en mandatos obligatorios de comportamiento general. Los avances científicos registrados en las técnicas contraceptivas, los experimentados en las tecnologías reproductivas, la caída de la mortalidad infantil o la transformación de las economías industrializadas en economías de servicios han liberado a las mujeres de sus papeles ancestrales y han supuesto un giro profundo en el comportamiento sexual y en la estructura de las familias.

Por su negativa percepción de la naturaleza humana, Hayek nos explica en «Por qué no soy conservador» que los conservadores no creen que las personas estén dispuestas a dedicar energía, tiempo y recursos al servicio de los demás, salvo que la autoridad los «anime» a hacerlo. Esta interpretación de la responsabilidad moral es errónea en el plano antropológico y no está respaldada por la evidencia empírica. Solo hace falta observar cómo los individuos, por la ineficiencia de las instituciones gubernamentales, han actuado ante las necesidades de las víctimas de desastres naturales, como el terremoto de septiembre de 2017 en México o las erupciones del volcán de Fuego en 2018 en Guatemala, para darse cuenta de que los individuos actúan de manera espontánea y organizada para rescatar víctimas soterradas bajo los edificios, para desenterrar personas debajo de arenas volcánicas, para recaudar víveres de primera necesidad en toneladas, organizar refugios y hospitales móviles para atenderlos.

En suma, el conservadurismo no parece ser una doctrina, si se asume su existencia como tal, capaz de convertirse en un proyecto coherente y atractivo para los individuos y las sociedades del siglo XXI. Asigna al Estado un papel que ni puede ni debe cumplir, se sustenta sobre las bases ajenas a la realidad y, por tanto, incapaces de garantizar la pervivencia de los valores que aspira a defender.

Como explica Steven Pinker en *La tabla rasa*:

> Durante siglos, las principales teorías sobre la naturaleza humana han surgido de la religión. La tradición judeocristiana, por ejemplo, ofrece explicaciones de las materias que hoy explican la biología y la psicología: los seres humanos están hechos a la imagen de dios y no guardan relación con los animales. Las mujeres proceden de los hombres y están destinadas a ser gobernadas por ellos. La mente es una sustancia inmaterial: cuenta con unos poderes que no se basan puramente en la estructura física, y puede seguir existiendo cuando el cuerpo muere.

Si uno quiere imponer su moral con los postulados anteriores como verdades incuestionables, la imposición de esa moralidad inevitablemente encontrará resistencia en los sectores que se vean amenazados por dichos preceptos morales entre los cuales están las mujeres o los homosexuales.

Incluso el padre fundador del conservadurismo, Edmund Burke, reconoció el peligro de las creencias incuestionables: «En la Iglesia no debe oírse más que la voz sagrada de la caridad cristiana. La causa de la libertad y el gobierno civil gana tan poco como la de la religión con esta confusión de deberes. Quienes se apartan del carácter que les es propio y asumen el que no les corresponde ignoran generalmente el carácter que abandonan tanto como el que asumen».[89]

---

89. Burke, Edmund, *Reflexiones sobre la Revolución en Francia*.

Cómo, cuándo y por qué me volví atea de todas y cada una de las más de cinco mil religiones inventadas por el hombre

> Si se diera una fiel relación de las ideas del Hombre sobre la Divinidad, se vería obligado a reconocer que la palabra «dioses» se ha utilizado casi siempre para expresar las causas ocultas, remotas, desconocidas, de los efectos que presenciaba; que aplica este término cuando la fuente de lo natural, la fuente de las causas conocidas, deja de ser visible: tan pronto como pierde el hilo de estas causas, o tan pronto como su mente se ve incapaz de seguir la cadena, resuelve la dificultad, da por terminada su investigación, y lo atribuye a sus dioses... Así pues, cuando atribuye a sus dioses la producción de algún fenómeno... ¿hace algo más, de hecho, que sustituir la oscuridad de su mente por un sonido que se ha acostumbrado a oír con un temor reverencial?

> PAUL HEINRICH DIETRICH
> (BARÓN VON HOLBACH),
> *Système de la nature*

> Algunos necios declaran que un Creador hizo el mundo. La doctrina de que el mundo fue creado es equivocada y hay que rechazarla. Si Dios creó el mundo, ¿dónde estaba Él antes de la creación? ¿Cómo pudo haber hecho Dios el mundo sin materiales? Si dices que los hizo primero y luego hizo el mundo, te enfrentas con una regresión infinita. Has de saber que el mundo es increado, como el mismo tiempo, sin principio ni fin. Y que se basa en los principios.

> *Mahapurana (La gran leyenda)*,
> Jinasena, India, siglo IX.

Nací y crecí hasta mis veintidós años en un hogar católico. Fui al colegio católico de monjas Bethania en Guatemala desde el kínder hasta cuarto de primaria. Luego viví en El Salvador, donde estudié en La Floresta, un colegio del Opus Dei, desde sexto de primaria hasta tercero de secundaria. Durante nueve de mis doce años de formación escolar recibí adoctrinamiento católico a diario. Me sé de memoria las misas, las letras de todas las canciones religiosas habidas y por haber, los concilios y las bulas papales, los pecados capitales y los sacramentos. He leído textos enteros sobre catequismo, las explicaciones de por qué la masturbación y la homosexualidad son considerados pecados mortales. Fui una devota católica. Por supuesto, me tocó leer la Biblia de principio a fin y lo hice. Recé el rosario todos los días durante años enteros. Iba a misa todos los días (sobre todo en el mes de mayo) y llegué a estar en los coros de varias iglesias.

Y hoy me autodenomino atea para dejar claro que no creo en ninguno de los más de cinco mil dioses inventados por la humanidad. Porque la «a» de «ateo» hace referencia a «sin» o «ausencia de». Es decir, *ateo* significa *sin dios*.

No uso la palabra *agnóstica* porque entonces la gente religiosa piensa, erróneamente: «Ah, bueno entonces en alguna fuerza cree». Y como en su cabeza *fuerza* es sinónimo de *dios* antropomórfico con características psicológicas humanas, al final concluyen que sí crees en alguno de sus dioses.

Eso no quiere decir que yo pretenda saber el origen de la vida ni el propósito del universo. Con tanta curiosidad y desinformación sobre por qué soy como soy y por qué creo en lo que creo, me resulta útil redactar estos párrafos que me servirán para poder compartirlos cada vez que alguien quiera de verdad entender mis motivos para creer en lo que creo.

Hechos: desde hace cuarenta mil generaciones, de los veinte mil años que lleva existiendo la especie humana tal y como la conocemos —solo veinte mil años comparados con los 13.800 millones de años que tiene el universo—, los seres humanos se han inventado cerca de cinco mil religiones. Cada una de ellas afirma que su «dios» o sus «dioses» son los verdaderos, sin ofrecer ninguna prueba.

En el calendario cósmico, donde el 1 de enero es la explosión del Big Bang y el 31 de diciembre es hoy, la humanidad solo ha existido en los últimos catorce segundos del universo. ¡Tan solo catorce segundos!

No somos la única especie viva. La vida tiene una diversidad enorme. Existen aves, peces, insectos, mamíferos. Hubo dinosaurios y también hay microorganismos. Nada en nuestro ADN humano indica que nosotros no provengamos del mismo origen que el resto de los animales. Nuestro ADN se diferencia del ADN de una mariposa, de un mono o de un pez en algunos segmentos de la cadena genética. Pero molecularmente estamos conformados bajo el mismo diseño básico. ¿De dónde viene ese diseño? Nadie lo sabe. Pero que nadie lo sepa no quiere decir que cualquier explicación sea la correcta.

¿Y cómo se sabe la edad del universo? ¿Cómo saben la edad de la humanidad? ¿Cómo se dieron cuenta de la evolución? ¿Cómo se puede saber que nuestro ADN es parte de un diseño estructural que se puede encontrar en todo lo que está vivo?

Pues eso es justamente lo que la ciencia hace. A través del método científico de la observación, la experimentación, la evaluación y la reconfirmación, la ciencia parte del supuesto de que todo es cuestionable, pero que la realidad es una y a través del método científico se comprueba.

Es así como se estableció que la gravedad es una realidad, que la Tierra es redonda y que no es el centro del universo, como las religiones decían; que todo lo que está vivo contiene ADN y que la vida evoluciona de generación en generación para adaptarse a su entorno.

Eso sí: para poder entender cómo funciona la ciencia, hay que dedicarle tiempo, lectura y atención. Hay excelentes programas informativos como *Cosmos* que pueden servirte de introducción. Sobre todo, si nunca tuviste un buen profesor de ciencias naturales, biología, física, química, matemática e historia.

¿Por qué hago énfasis en que cuestionarse no es malo?

Ya no vivimos en la Edad Media, donde muchos se hubieran dado el gusto de achicharrarme en la Inquisición. De hecho, a mí, en todos los siglos y épocas históricas, me habrían mandado al manicomio, a la hoguera, al calabozo a violarme, a apedrearme y a la Inquisición. Ahora solo les queda insultarme utilizando la electricidad con un dispositivo en una red social que, gracias a muchos científicos ateos, están hoy en sus manos sin que muchos sean conscientes de ello.

Sí. Yo cuestiono todo y lo hago en este que es mi espacio. En el que nadie está obligado a estar. Yo no me estoy parando en los portones de ningún culto ni iglesia impidiéndole la entrada a nadie ni obstaculizando el ejercicio de la creencia de nadie. Ni mucho menos infundo temor para hacer que la gente crea o se «muera en el infierno». Yo no le digo a nadie cómo hacer uso de su perfil de Facebook. Por eso pido lo mismo para mí. Sobre todo, que le presten atención a la ciencia antes de descartarla a ciegas de sus vidas. Comprendan todas las respuestas que la ciencia ya ha encontrado. Atrévanse a descubrir su propio ADN, abran su conciencia de que este mundo está hecho de ustedes y ustedes están hechos de este mundo.

Hoy por hoy, la ciencia nos llama a tomar conciencia, a dejar de pensar en otras vidas para concentrarnos en esta. A darnos cuenta de que somos un proceso evolutivo de millones de años. Y que le debemos nuestra existencia más al meteorito que les cayó a los dinosaurios y permitió que la especie mamífera evolucionara en un ambiente libre de depredadores que al pastor que nos vende una verdad que ni le consta cada domingo.

Nadie se ha muerto y regresado como para proveernos de evidencia de lo que pasa cuando morimos. Y la lógica nos llama a pensar que lo más probable es seguramente lo probable. Lo más probable es que la muerte se sienta igual a como se sentía antes de nacer.

Lo peligroso no es creer en lo que uno quiera creer. Cada cual es libre de escoger creer en evidencias o en mitos. Lo peligroso es andar por ahí diciendo que tu verdad religiosa es la verdad absoluta, atemorizando a otros y decirles que, si no creen, irán al infierno. Es peligroso porque les cortas a las personas las alas para que piensen por sí mismas, desarrollen su propia curiosidad y no se cierren a la ciencia que tantos avances en tantos campos nos ha traído.

Si viviéramos en una región pacífica, culta, nutrida y que progresa en paz, no me importaría realmente que predominara una u otra religión. Pero entre todo lo que he visto, leído y experimentado, la religión ya no solo es una cuestión de creencias. Es una cuestión que desconecta al ser humano de conocer cómo funciona este mundo o de sentirse responsable por cuidarlo. Somos una región cristiana donde nos matamos los unos a los otros, contaminamos nuestros lagos, nuestras calles y nuestros bosques, porque no comprendemos que todo el cosmos somos uno y que el daño que le hacemos a la tierra nos lo hacemos a nosotros mismos.

Las religiones llevan a las personas a pensar que hay algo después de esta vida y, por consiguiente, en esta vida abusan y no compensan por esos abusos. En cambio, los países con mayoría de ateos progresan libres y en paz. El subdesarrollo de Guatemala está tan ligado a las religiones como al machismo, la estrechez de mente, la homofobia, la baja autoestima y el sentido de que «todo lo hace Dios y nada puede hacer el hombre por cambiarlo».

A nadie se le puede convencer de nada ni a punta de pistola. Yo soy consciente de que cada uno llega a sus propias conclusiones. Cada cual tiene una cabeza para llegar a sus respuestas. Y a eso es a lo único que aspiro. A recordar que cuestionarse no tiene nada de malo. Que cuestionarse despierta la curiosidad y la sed de conocimiento. Así es como los hombres y mujeres de ciencia han transformado este mundo para bien con inventos que todos usamos todos los días.

A más fe, más pobreza, y no necesariamente más ética

En 2017, la firma mundial Gallup, especializada en análisis de datos y mercados, realizó un estudio en sesenta y seis países para descubrir el grado de importancia de la religión en la vida de sus habitantes.

Los resultados evidenciaron que el 62 por ciento de los mayores de edad considera que la fe es imprescindible en su vida. Esto considerando que, a nivel mundial, el 87 por ciento de las personas se autodenominan creyentes, mientras un 13 por ciento se consideran ateas.

Las diferencias se hicieron más evidentes en cuanto a la calidad de vida de las naciones que consideran la fe algo importante frente a aquellas que no lo ven así. Los seis países que consideraron que la fe tiene muy poca o nula importancia para sus ciudadanos son Estonia (16 por ciento), Suecia (17 por ciento), Dinamarca (19 por ciento), Japón (24 por ciento), Hong Kong (24 por ciento) y Reino Unido (27 por ciento). Todos estos países tienen en común un Índice de Desarrollo Humano alto (superior al 86 por ciento) y son reconocidos por su calidad de vida y sus servicios de salud. También son países punteros en el Índice de Libertad Económica del Fraser Institute, en el de la Heritage Foundation y en el Índice de Libertad Humana del Instituto Cato.

Por el contrario, los 6 países más creyentes son Tailandia (98 por ciento), Nigeria (97 por ciento), India, Ghana, Costa de Marfil y Papúa Nueva Guinea (94 por ciento), países de nulo crecimiento económico donde los ingresos y la riqueza se encuentran acumulados en oligarquías.

Es interesante ver que la pobreza es el factor que incide en que las personas sean más adeptas y no al contrario. Cuando una persona sufre amplias carencias, no tiene acceso a la educación racional y científica. Cuando no hay adecuadas condiciones materiales, el ser humano busca consuelo en la fe que de manera irracional ofrece la esperanza de llegar a alcanzar una mejor vida, si no en esta tierra, en la que venga después de la muerte.

Capítulo 14

Películas y series
que todo conservador debe ver

Entre los lectores de *Cómo hablar con un izquierdista*, la mayoría me dijo que una de sus partes favoritas fue la sección de películas. Con el ánimo de aportar material que ayude a expandir la mente, y que puede ayudar a los conservadores a salir del miedo de abandonar ciertas tradiciones, dejo aquí también una lista de películas y series que todo conservador debería ver. Dicho sea de paso, mucho de este material visual ha sido creado y producido por individuos liberales. Difícilmente un conservador se hubiera embarcado en realizar algunos de estos proyectos.

Para las personas que crecieron en entornos altamente conservadores, el cine, la música y el arte en general son excelentes herramientas para poder comenzar a explorar otras formas y estilos de vida distintos a los tradicionalmente conocidos sin necesidad de exponerse demasiado. Solo toma un par de horas y otro par de ojos y oídos bien abiertos. Un paso a la vez.

Ágora

Sinesio, tú no cuestionas las cosas en las que crees. O no puedes. Yo, en cambio, debo hacerlo.

HIPATIA

—La mayoría de nosotros ha aceptado a Cristo comenzando por el alcalde, ¿por qué no el resto de nosotros? Es solamente cuestión de tiempo y lo saben.

—¿En serio? ¿Es cuestión de tiempo? Bien, perdóneme, miembro honorable del consejo, pero por lo que sé, su dios todavía no ha demostrado ser más justo y más compasivo que sus precursores ¿De veras es solo una cuestión de tiempo antes de que acepte su fe?

—¿Por qué? Entonces, ¿cómo esta asamblea aceptaría en el consejo a alguien que no cree absolutamente nada?

—Creo en la filosofía.

¿Qué pasará si nos atrevemos a mirar el mundo tal y como es? Vamos a liberarnos por un momento de cada idea preconcebida.

Por su gran riqueza en conocimientos, descubrimientos e inventos, se calcula que la quema de la biblioteca de Alejandría representa un retraso para la humanidad de más de mil años. Entre sus escritos, se encontraban los primeros diseños de la máquina a vapor, del autómata (el primer robot), millares de cálculos astronómicos, tratados filosóficos, avances médicos, botánicos y biológicos.

Pocos cristianos son conscientes de lo que la destrucción de esta biblioteca representa para el oscurantismo de la Edad Media y que influyó incluso en la imposición de esta religión en el descubrimiento de América. Hizo más daño la destrucción de este conocimiento que la propia Inquisición.

Ágora se basa en la historia de Hipatia de Alejandría, astrónoma y filósofa que fue apedreada hasta la muerte por negarse a retractarse sobre sus descubrimientos sobre los movimientos elípticos de la Tierra y otros planetas.

En mi experiencia trabajando en América Latina, he podido constatar que los que menos conocen sobre la historia del cristianismo son precisamente los cristianos. Y que, en cambio, son los agnósticos, escépticos y ateos, precisamente porque han hecho una incursión en el estudio minucioso de esta religión, los que han decidido expresarse al respecto.

Cosmos

Mira ese punto. Eso es aquí. Eso es nuestro hogar. Eso somos nosotros. Ahí ha vivido todo aquel de quien hayas oído hablar alguna vez, todos los seres humanos que han existido. La suma de todas nuestras alegrías y sufrimientos, miles de religiones seguras de sí mismas, ideologías y doctrinas económicas. Cada cazador y recolector, cada héroe y cada cobarde, cada creador y destructor de civilizaciones, cada rey y cada campesino, cada pareja enamorada, cada niño esperanzado, cada madre y cada padre, cada inventor y explorador, cada maestro moral, cada político corrupto, cada «superestrella», cada «líder supremo», cada santo y cada pecador en la historia de nuestra especie vivió ahí: en una mota de polvo suspendida en un rayo de sol.

La Tierra es un escenario muy pequeño en una vasta arena cósmica. Piensa en los ríos de sangre vertida por todos esos generales y emperadores, para que, en la gloria y el triunfo, pudieran convertirse en amos momentáneos de una fracción de un punto. Piensa en las interminables crueldades cometidas por los habitantes de un lugar del punto sobre los apenas distinguibles habitantes de alguna otra parte del punto. Cuán frecuentes sus malentendidos, cuán ávidos están de matarse los unos a los otros, cuán fervientes son sus odios. Nuestros posicionamientos, nuestra supuesta importancia, el espejismo de que ocupamos una posición privilegiada en el universo. Todo eso lo pone en cuestión ese punto de luz pálida. Nuestro planeta es un solitario grano de polvo en la gran penumbra cósmica que todo lo envuelve. En nuestra oscuridad —en toda esa inmensidad—, no hay ni un indicio de que vaya a llegar ayuda desde algún otro lugar para salvarnos de nosotros mismos. Dependemos solo de nosotros mismos. La Tierra es el único mundo conocido hasta ahora que alberga vida. No hay ningún otro lugar, al menos en el futuro próximo, al cual nuestra especie pudiera emigrar. Visitar, sí. Colonizar, aún no. Nos guste o no, en este momento la Tierra es donde tenemos que quedarnos. Se ha dicho que la astronomía es una experiencia de humildad, y yo añadiría que también forja el carácter. En mi opinión, no hay mejor demostración de la locura que es la soberbia humana que esta distante imagen de nuestro minúsculo mundo. Para mí, recalca la responsabilidad que tenemos de tratarnos los unos a los otros con más amabilidad y compasión, y de preservar y querer ese punto azul pálido, el único hogar que jamás hemos conocido.

CARL SAGAN, *Cosmos*

En reiteradas ocasiones he hecho hincapié en que las enseñanzas de esta serie, tanto en su versión original con Carl Sagan, y en su más reciente adaptación con su pupilo Neil deGrasse Tyson, hacen muchísimo más por enseñar a nuestras juventudes conceptos clave de química, biología, neurociencia, astronomía, astrofísica, matemática e historia que la mayoría de profesores estatales en América Latina.

A diferencia del aferramiento de tantos conservadores a los preceptos religiosos, podemos ver que cuanto mayor entendimiento tenemos de nuestro universo y de lo pequeños que somos, como tan bien lo expresa Sagan en su alegoría del pálido punto azul, más seguros podemos estar de lo poco que aún sabemos y con mayor humildad podemos reconocer que las cosas que sostenemos como dogmas no nos permiten avanzar como civilización.

Cuando comprendemos que estamos hechos de polvo de estrellas, cuando nos maravillamos por la cantidad de sucesos evolutivos que han tenido que ocurrir para que hoy estemos vivos, cuando comprendemos que, durante siglos, sin la ciencia como herramienta, tuvimos la arrogancia de creernos el centro del universo, desarrollamos una mayor empatía por nuestras vidas. Pero también por los animales, por la naturaleza. Nos volvemos conscientes de que somos la expresión más inteligente que por el momento conocemos sobre el universo, y como tales, estamos en deuda con él y con nuestro planeta para actuar de manera productiva, pero también ética. No solo en beneficio de la humanidad, sino de todo lo que existe en general.

El problema con las religiones es que le enseñan a la humanidad, sin evidencia alguna, que nosotros somos seres aparte. Divinos. Apartados de todo lo demás que existe. Y eso hace que la humanidad se comporte con aires de superioridad y de inconsciencia con respecto de todo lo que le rodea. Y como los mayores defensores de las religiones en este mundo son también los conservadores, depende de nosotros, los liberales, no solo dar la batalla de las ideas respecto a la importancia de la libertad, sino también de la importancia de saber de ciencia.

Sense8

No, no estás tratando de entender nada. Porque las etiquetas son lo opuesto a la comprensión. ¿Qué tiene que ver el coraje con el color de la piel de un hombre? Yo era solo un niño pequeño que amaba las películas. Y los héroes que vi me hicieron sentir más valiente que yo. Más divertido. Más inteligente. Me hicieron creer que podía hacer cosas que no creía que pudiera hacer. Pero ese chico que veía la televisión con su mamá, y su abuela y sus tías, no es el hombre que se convirtió en actor/director. Ese director/actor no es la misma persona que ves parada aquí. ¿Quién soy? ¿Quieres decir de dónde soy? ¿En qué me convertiré algún día? ¿Lo que hago? ¿Qué he hecho? ¿Qué sueño? ¿Quieres decir lo que ves o lo que he visto? ¿A qué temo o lo que sueño? ¿Quieres decir a quién amo? ¿Te refieres a quién he perdido? ¿Quién soy? Supongo que quien soy es exactamente lo mismo que tú. No mejor que, no menos que. Porque no hay nadie que haya sido o será el mismo que tú o yo.

Lito

Soy una de esas personas que se siente cómoda con la idea de que hay más cosas en este mundo que no entendemos, que todas las cosas que sabemos.

Grace

Al final, todos seremos juzgados por la valentía de nuestros corazones.

Hernando

La violencia real, la violencia que me di cuenta de que era imperdonable, es la violencia que cometemos contra nosotros mismos, cuando tenemos demasiado miedo de ser quienes realmente somos.

Nomi

Tu vida puede ser definida por el sistema o por la forma en que desafías a ese sistema.

NOMI

Esta serie contempla la posibilidad evolutiva de otra rama de seres humanos que, a diferencia de los *Homo sapiens*, poseen telequinesis para comunicarse y ayudarse entre sí. Sus personajes son vivos reflejos de la libertad en todos sus aspectos. De varias nacionalidades, entornos y pasados familiares, que aprenden a convivir y ayudarse entre sí, dándose cuenta de que sus diferencias son meramente circunstanciales. Que lo que los hace humanos, los une. Es una celebración a la única cooperación y colaboración que como humanos poseemos: la voluntaria.

Paul

PAUL: ¿Por qué querría Jesús dispararle a Charles Darwin?

RUTH: Explícame cómo algo tan complejo como el ojo humano simplemente comenzó a existir.

PAUL: ¡Ay, por favor! No me vengas con esos viejos argumentos reduccionistas.

RUTH: El ojo está compuesto por tres partes que interactúan. Si quitas cualquiera de esas tres partes, deja de existir. Tienen la precisión y la delicadeza de un reloj de bolsillo y, cuando el Señor misericordioso lo permite, funcionan de manera perfecta y en total armonía con su entorno. Algo tan funcionalmente perfecto no puede ocurrir sin la intervención de una mano guía.

PAUL: Pero todo eso no solo ocurrió ¿verdad? Eso es la culminación de millones de años de desarrollo a través de innumerables especies.

RUTH: ¿De qué estás hablando?

PAUL: De evolución.

RUTH: ¡Es su diseño!

PAUL: Si Él lo diseñó, ¿por qué no hizo solo una parte en lugar de tres y así tomarse el resto de fin de semana libre?

Ruth: Nada de lo que puedas hacer o decir puede sacudir mi creencia, ni mi fe en mi seguro y cierto conocimiento de que Dios hizo el cielo y la tierra y nos creó a todos a su propia imagen.
Paul: [Saliendo del baño] ¿Ah, no? Pues bien, ¿entonces cómo explicas mi existencia?

Paul es la historia de un extraterrestre que llega a la Tierra y es secuestrado por el gobierno estadounidense para hacer experimentos sobre inteligencia alienígena durante décadas, hasta que escapa tras los rumores de que lo quieren asesinar para diseccionarle el cerebro. En su huida, se encuentra con dos chicos que están haciendo un viaje por carretera. Uno de ellos se enamora de una chica que viene de un entorno cristiano fundamentalista. La escena de arriba se produce cuando la chica habla con Paul, que se encuentra en el baño, y al salir y mostrarle su alienígena existencia, la chica se desmaya para despertar y darse cuenta de que todo en lo que había creído no tiene en realidad ninguna base.

Modern Family

¿Qué califica a alguien como un héroe? Obviamente, un héroe tiene que ser alguien a quien respetamos. Una persona que admiramos. Una persona que es generosa de espíritu. Que está dispuesta a crecer y aprender. Tal vez sea la persona que más amas en el mundo. O el tipo que más le saca a la vida, sin importar lo que piensen. Para mí, sin embargo, el héroe de mi familia es mi familia, por lo que somos juntos.

Manny Delgado

Hay soñadores y hay realistas en este mundo. Uno pensaría que los soñadores encontrarían a los soñadores y los realistas encontrarían a los realistas, pero la mayoría de las veces ocurre lo contrario. Verás, los soñadores necesitan que los realistas eviten que se eleven demasiado cerca del sol. Y los realistas, bueno, sin los soñadores, nunca podrían despegar.

Cameron Tucker

Da miedo dejar que la gente vea tu verdadero yo, incluso cuando estas personas son tu propia familia. ¿Pero no son ellos los que deberían preocuparnos menos? Los que nos amarán sin juzgar, que perdonan nuestras faltas y celebran nuestras imperfecciones, tal vez incluso nos alienten a dejar que nuestro verdadero ser brille a través de él.

GLORIA PRITCHETT

Va a ser difícil decir adiós... siempre lo es. A nadie le gusta el cambio. Pero parte de la vida es aprender a dejar ir las cosas.

PHIL DUNPHY

La familia es la familia. Ya sea con la que empiezas, con la que terminas o la familia que obtienes en el camino.

GLORIA PRITCHETT

En mi país hay un dicho que dice: «El amor está a la vuelta de la esquina». Vengo de un barrio con muchas prostitutas.

GLORIA PRITCHETT

Alex le está enseñando chino a la pequeña Lily por su cuenta. Para que le sea útil cuando ellos nos acaben comprando.

PHIL DUNPHY

Modern Family cuenta la historia de tres generaciones familiares unidas por un abuelo estadounidense divorciado y vuelto a casar con una latina despampanante, interpretada por Sofía Vergara, con un hijo adolescente bastante intelectual y poeta. Uno de los hijos está casado con su pareja gay y han adoptado a una niña asiática, y otra hija está casada con su amor de preparatoria y tiene tres niños. Lo genial de esta serie es que nos demuestra que familias hay de muchos tipos. Y jugando con los típicos prejuicios raciales, sexuales, sociales y económicos, vamos viendo, a través de sus temporadas, que lo importante en una familia sana no son las particularidades de los individuos que la conforman, sino el pacto ético y de amor que hay entre ellos para apoyarse en todas las circunstancias.

La casa de las flores

Similar a *Modern Family* pero ambientada en México, esta serie, protagonizada por Verónica Castro y Cecilia Suárez, cuenta la historia de una familia bien en la Ciudad de México que se enfrenta a varios escándalos. Un video sexual, un exmarido transexual y los retos de mantener las apariencias en la sociedad. La lección es la misma. Más vale amar a tus seres queridos tal cual son que alejarlos de tu vida por no encajar en un molde que la sociedad impone, pero que realmente nadie en esa sociedad cumple. Y que, de hecho, por mantener las apariencias, se sacrifica mucha felicidad.

Perfectos desconocidos

Primero fue la versión original italiana, *Perfetti sconosciuti*, en 2016. Dirigida por Paolo Genovese, la película ganó el premio David di Donatello y el premio al mejor guion en el Festival de Cine de Tribeca. Tras su rotundo éxito en toda Europa, con una taquilla de veinte millones de euros solo en Italia, otros países se aventuraron a hacer sus propias versiones. Entre ellos España, Francia y México.

La trama consiste en tres parejas, seis amigos, una cena y un juego: dejar los teléfonos móviles sobre la mesa para que durante la cena, todos los mensajes de texto, emails, wasaps, notificaciones de Instagram, Facebook y Twitter sean compartidas en voz alta. Lo que más me llama la atención es como todas estas nacionalidades han visto la necesidad de hacer su propia versión ante una temática que parece que nos está comiendo en el mundo entero: estamos viviendo vidas paralelas en nuestros teléfonos móviles que distan mucho de la vida que decimos tener en la tercera dimensión. Sin aras de arruinar las películas para quienes aún no las han visto, baste con decir que los seis amigos que se sentían tan seguros de conocerse terminan la noche dándose cuenta de que son unos perfectos desconocidos, incluso con la persona con la que están compartiendo cama.

Merlí

Esa manía de que las cosas que hacemos tienen que ser aceptadas por otros provoca que muchas personas escondan facetas suyas. La libertad no es escoger un camino, sino rebelarse contra todos los que quieren imponerte uno. Que la vida sea absurda no implica que debamos caer en una profunda apatía. Que las cosas sean de una manera no significa que no se puedan cambiar. No tiene sentido que nos preocupemos por la muerte. Mientras existimos, la muerte no está presente. Y cuando la muerte se presenta, es que ya no existimos. ¿Crees que si no colgamos una imagen nuestra en la red no existimos? Deja de mirar la vida a través de una cámara y disfrútala con los ojos. La vida es una fiesta en la que coincides con mucha gente, van llegando nuevos invitados, pero también hay otros que, por la razón que sea, se van antes. A todos nos tocará irnos algún día, no lo olvides. Lo peor de todo es asumir que la fiesta continúa sin nosotros.

Esta serie española narra la historia de un maestro de filosofía bastante peculiar, cuyos métodos histriónicos, fuera de lo convencional, sacan de quicio al sistema educativo tradicional, representado por la directora de la escuela. Involucrándose en la vida de sus alumnos hasta de una forma impertinente, Merlí consigue que los alumnos vean la importancia de la filosofía.

Religulous

La ironía de la religión es que por su poder para desviar al hombre hacia rutas destructivas, el mundo puede llegar realmente a su final. El hecho evidente es que la religión debe morir para que la raza humana viva. Ahora se está haciendo muy tarde para seguir dejando en manos de fanáticos religiosos decisiones clave de nuestra existencia. Personas irracionales, aquellas que dirigirían la nave del Estado no con una brújula, sino por el equivalente a leer las entrañas de un pollo. George Bush oró mucho sobre Irak, pero no aprendió mucho sobre eso. Fe significa hacer de no pensar una virtud. No es nada de qué jactarse. Y aquellos que predican la fe, que la habilitan y la elevan, son los dueños intelectuales de esclavos, pues mantienen a la humanidad en una atadura a la fantasía y al disparate que ha generado y justificado tanta locura y destrucción. La religión es peligrosa porque permite que los seres humanos que no tienen todas las respuestas piensen que sí las tienen y convencen a otros de lo mismo. La mayoría de la gente pensaría que es maravilloso cuando alguien dice: «¡Estoy dispuesto, Señor! ¡Haré lo que quieras que haga!». Excepto que, dado que no hay dioses que realmente nos estén hablando, ese vacío lo llenan las personas con sus propias corrupciones, limitaciones y agendas. Y cualquiera que te diga que sabe lo que sucede cuando mueres, te lo prometo, no lo sabe. ¿Cómo puedo estar tan seguro? Porque yo no lo sé, y ni tú ni nadie posee poderes mentales que yo no tenga. La única actitud apropiada que el hombre debe tener sobre las grandes preguntas no es la certeza arrogante, que es el sello distintivo de la religión, sino la duda.

La duda es humilde, y eso es lo que el hombre debe ser, considerando que la historia humana es solo una letanía de equivocaciones. Esta es la razón por la que las personas racionales, los antirreligiosos, deben poner fin a su timidez y salir del armario para afirmarse. Y aquellos que se consideran a sí mismos moderadamente religiosos, necesitan mirarse en el espejo y darse cuenta de que el consuelo y la comodidad que la religión les brinda tienen un precio terrible. Si pertenecieras a un partido político o club social vinculado a la intolerancia, la misoginia, la homofobia, la violencia y la pura ignorancia de la religión, probablemente al enterarte renunciarías en protesta. Hacer lo contrario es ser un facilitador, una esposa mafiosa, para los verdaderos demonios del extremismo que obtienen su legitimidad de los miles de millones de sus compañeros de viaje. Si el mundo llega a su fin ahora, o en cualquier otro momento, o si se trunca en el futuro, diezmado por los efectos del terrorismo nuclear inspirado en la religión, recordemos cuál fue el verdadero problema: que aprendimos a precipitar una muerte masiva antes de superar el desorden neurológico de desearla. Eso es. O crecemos o moriremos.

BILL MAHER

En este documental, Bill Maher viaja a varios lugares del planeta para entrevistarse con líderes de cristianos de todas las vertientes: sacerdotes católicos, rabinos judíos, pastores evangélicos e incluso un parque de atracciones de Florida, donde todos los días, a las 15.00 h., se hace la recreación de la crucifixión de Jesucristo, y un museo donde tienen maquetas de dinosaurios conviviendo con seres humanos y donde se determina que la edad del planeta Tierra es de seis mil años.

Lo interesante es ver que bajo una misma religión caben infinidad de disparates, muchas veces contradictorios entre sí, pero que, bajo la sombrilla de la unidad cristiana, caben todos.

Zeitgeist (Primera parte)

Este documental narra en su primera parte un resumen bastante interesante sobre todas las religiones previas al cristianismo que inspiraron varios de los dogmas del actual. De una forma objetiva, clara y sencilla, el espectador puede comprender conceptos básicos que lo lleven a un profundo cuestionamiento sobre los sucesos históricos y las decisiones políticas que llevaron al cristianismo al lugar predominante que obtuvo en la cultura occidental.

Spotlight

> MIKE REZENDES: ¡Es hora, Robby! ¡Es la hora! ¡Lo sabían y lo dejaron pasar! A los niños. ¿Bueno? Podría haber sido usted, podría haber sido yo, podría haber sido cualquiera de nosotros. ¡Tenemos que clavar a estos cabrones! Tenemos que mostrar a la gente que nadie puede salirse con la suya. ¡Ni un sacerdote, ni un cardenal, ni un maldito papa!
>
> ROBBY ROBINSON: Tenemos dos historias aquí: una historia sobre clérigos degenerados y una historia sobre un grupo de abogados que convierten el abuso infantil en una industria casera. ¿Qué historia quieres que escribamos? Porque vamos a escribir una de ellas.
>
> MARTY BARON [director del *Boston Globe*]: Necesitamos concentrarnos en la institución, no en los sacerdotes individuales. Práctica y política. Muéstreme que la Iglesia manipuló el sistema para que estos tipos no tuvieran que enfrentar cargos. Demuéstreme que vuelven a poner a los mismos sacerdotes en las

parroquias una y otra vez. Muéstrame que esto fue sistémico, que vino de arriba abajo.

BEN BRADLEE, JR: ¿Parece que vamos tras el cardenal Law?

MARTY BARON: Vamos por el sistema.

CARDENAL LAW: Has escogido un asiento difícil para sentarse, especialmente en una ciudad pequeña. Creo que también encontrarás que Boston es una ciudad pequeña, Marty, de muchas maneras. Pero si puedo ser de alguna ayuda, no dudes en preguntar. Encuentro que esta ciudad florece cuando sus grandes instituciones trabajan juntas.

MARTY BARON: Gracias. Personalmente, opino que para que el periódico desempeñe mejor su función, debe trabajar solo e independiente.

CARDENAL LAW: Por supuesto, pero mi oferta sigue en pie.

Esta película, ganadora del Oscar, narra la historia real de un equipo de periodistas en Estados Unidos que lleva a cabo una profunda investigación sobre los casos de pederastia cometidos por el sacerdote.

Interstellar

Solíamos mirar al cielo y admirar nuestro lugar en las estrellas, ahora solo miramos hacia abajo y nos preocupamos por nuestro lugar en la tierra.

COOPER

La humanidad nació aquí en la Tierra, pero jamás estuvo destinada a morir en ella.

COOPER

Siempre nos hemos definido por la capacidad de superar lo imposible. Y contamos estos momentos. Estos momentos en los que nos atrevemos a apuntar más alto, a romper barreras, a alcanzar las estrellas, a dar a conocer lo desconocido. Contamos estos momentos como nuestros mayores logros. Pero perdimos todo eso. O quizás acabamos de olvidar que todavía somos pioneros. Y apenas hemos empezado. Y que nuestros mayores logros no pueden estar detrás de nosotros, porque nuestro destino está por encima de nosotros.

COOPER

Ganadora del Oscar en 2015 por mejores efectos visuales y nominada en las categorías de mejor banda sonora, mejor sonido, mejor diseño de producción y mejor edición de sonido, *Interstellar* es una película que combina muchos elementos que nos hacen pensar: la destrucción humana del planeta Tierra, la inconsciencia sobre los recursos naturales, el poder de la voluntad individual, el espíritu aventurero y emprendedor del ser humano, la fuerza del amor, los retos del futuro y la importancia de la astrofísica, la ciencia y la tecnología. La humildad de reconocer lo mucho que aún nos falta por comprender sobre nuestro universo. Dilemas que debemos plantearnos con los ojos bien abiertos.

The Imitation Game

A veces es la gente que nadie se imagina la que hace las cosas que nadie se pudo imaginar.

ALAN TURING

Las máquinas nunca pueden pensar como lo hacen los humanos, pero solo porque algo piense diferente a ti, ¿significa que no está pensando? La pregunta interesante es, solo porque algo piensa diferente a ti, ¿significa que no está pensando? Permitimos que los seres humanos tengan tales divergencias entre sí. A ti te gustan las fresas, yo odio el patinaje sobre hielo, tú lloras con las películas tristes, yo soy alérgico al polen. ¿Cuál es el sentido de diferentes gustos, diferentes preferencias? Si no es así, ¿para qué decir que nuestros cerebros funcionan de manera diferente, que pensamos de manera diferente? Y si podemos decir eso el uno del otro, entonces, ¿por qué no podemos decir lo mismo para los cerebros construidos de cobre y alambre, acero? ¿Acaso yo fui Dios? No. Porque Dios no ganó la guerra. Nosotros la ganamos. ¿Sabes? Esta mañana estaba en un tren que atravesaba una ciudad que no existiría si no fuera por ti. Le compré un billete a un hombre que probablemente estaría muerto si no fuera por ti. Leí, en mi trabajo, todo un campo de investigación científica que solo existe gracias a ti. Ahora, si quisieras, podrías haber sido normal [heterosexual]. Puedo prometerte que no. El mundo es un lugar infinitamente mejor precisamente porque no lo fuiste.

JOAN CLARKE

Esta película narra la vida de Alan Turing, el científico que diseñó la computadora que fue capaz de descifrar el código secreto de comunicación nazi para ejecutar ataques contra los aliados durante la segunda guerra mundial, gracias a la cual Inglaterra pudo tener una posición ventajosa.

Debiéndole tanto a este hombre por su colaboración a la libertad y al desarrollo de la computación, Turing fue arrestado por cometer el crimen de ser homosexual, que en Inglaterra estuvo penado por la ley hasta 1967, año en que finalmente el Parlamento votó para despenalizarlo. Entre los votantes a favor estaba, por cierto, Margaret Thatcher. Turing, arrestado en 1952, fue condenado a recibir un «tratamiento» químico para «curarse» la homosexualidad. Dos años después, se suicidó. Gente obtusa, de mente cerrada e intolerante (que luego se beneficia de los inventos que produce la gente a la que rechazan), sigue existiendo. Y aunque el siglo XXI es el siglo donde más tolerancia ha habido en toda la historia de la humanidad, aún hay importantes batallas que ganar para que historias como la de Turing no se sigan repitiendo.

Bohemian Rhapsody

JOHN REID: Entonces, dime. ¿Qué hace que Queen sea diferente de todos los otros aspirantes a *rockstars* que conozco?

FREDDIE MERCURY: Le diré lo que es, señor Reid. Somos cuatro inadaptados que tocamos para otros inadaptados. Los marginados que se encuentran en la parte de atrás de la sala, que están bastante seguros de que tampoco pertenecen, pero nosotros les pertenecemos. Quiero que sacudas el árbol de los fenómenos extraños e invites a cualquiera que caiga al suelo. Enanos y gigantes, magos, miembros de las tribus zulúes, contorsionistas, tragafuegos y sacerdotes. Vamos a necesitar confesarnos.

Es Estados Unidos. Son puritanos en público y pervertidos en privado.

BRIAN MAY

Buenos pensamientos. Buenas palabras. Buenas obras.

BOMI BULSARA,
citando a Zaratustra

Bohemian Rhapsody narra la controvertida vida de Freddie Mercury, pero también lo expone como el gran genio musical que fue. Adentrándonos en las biografías de personajes como Mercury, somos capaces de desarrollar empatía y conocimiento por medio de la pantalla.

Wanderlust

Esta serie nos lleva a la aventura de un matrimonio de más de una década que decide abrir su relación sexualmente para procurarse otras parejas mientras mantiene la unidad de la familia. Como ya expresé en la sección de libertad sexual, así como somos tan diversos como individuos, es lógico que también las opciones para vivir nuestra sexualidad y nuestros sentimientos cuenten con una variedad mucho mayor que la preconcebida por el mundo judeocristiano sobre la monogamia. Después de todo, recordemos que, antes del cristianismo, en el mundo occidental existía la tolerancia respecto de una amplia gama de estilos de vida en lo que a la sexualidad se refiere.

Tú, yo y ella

Similar a *Wanderlust*, en esta serie exploramos la decisión de un matrimonio de formar una relación poliamorosa con una chica que entra en sus vidas.

Epílogo

Margaret Thatcher en el siglo XXI: una liberal en la portada

No necesito un resfriado para escucharme sexy.

MARGARET THATCHER[90]

Nunca habrá una mujer primer ministro en mi período de vida. La población masculina está demasiado prejuiciada.

MARGARET THATCHER

«Uno de los rasgos fundamentales de un conservador es el miedo al cambio, la tímida desconfianza a lo nuevo [...] y la inclinación a usar los poderes del gobierno para evitar el cambio», escribió Hayek.[91]

Si algo caracterizó los once años de gobierno de Margaret Thatcher fue precisamente el cambio. El cambio radical que tan adecuadamente describió cuando los medios de comunicación la acusaban de intransigente y hablaban de la necesidad de dar un giro radical (*U turn*), y ella, tan elegantemente, respondió: la dama no está para girarse (*The lady is not for turning*).

---

90. Lo dijo después de una entrevista de radio, cuando uno de sus asesores le preguntó si acaso estaba resfriada, pues su voz se había escuchado bastante sexy. «The Downing Street Years», BBC, 1993.

91. Hayek, Friedrich, *Los fundamentos de la libertad* (Unión Editorial, Madrid, 1993).

No voy a dedicarme en estas líneas a hablar de la paupérrima situación en que se encontraba Inglaterra cuando Margaret Thatcher tomó posesión de su cargo. Un país que, por las pésimas decisiones socialistas y la apatía de la oposición conservadora, estaba sumido en la inflación, la improductividad, el paro constante, el yugo de las oligarquías formadas en los sindicatos del Estado inglés y el estancamiento de las empresas privadas.[92]

La preocupante situación de Inglaterra no se debía solo a los socialistas, también a la complicidad de los conservadores que, en palabras de Thatcher, estaban más interesados en mantener una buena imagen que en regirse por los principios de una economía sana y de mercado que no estuviera estrangulada por los proteccionismos, los subsidios, la deuda y la alta imposición fiscal.[93]

Para Thatcher, venir de la clase media —«la hija del tendero», como la llamaban—, era motivo de orgullo. Su experiencia la ponía más en contacto con el pueblo trabajador que con los intelectuales de las altas esferas que realmente no tenían relación con lo que implica trabajar para producir y así poder ahorrar.

Desde pequeña se familiarizó con las tendencias del mercado al trabajar en el negocio de su padre. Su padre también trabajó en el gobierno local y fue reconocido por reducir los presupuestos y cuidar hasta el último centavo del dinero que los contribuyentes pagaban en impuestos.[94]

Entre la filosofía que su padre le inculcó, le enseñó que el deber de un ser humano era guardar su propio espíritu, mantener su alma limpia, concentrarse en sus propios asuntos y cuidar de su propia familia.[95]

Fue una mujer que dio prioridad al estudio y la lectura, que era un medio para la mejora personal y poder tener éxito en el

---

92. Véanse los primeros capítulos de *The Iron Lady*, la biografía de Margaret Thatcher escrita por John Campbell, para más información sobre la situación socioeconómica de Inglaterra en 1979.

93. *The Downing Street Years*, BBC, 1993.

94. Campbell, John, *The Iron Lady: Margaret Thatcher, from Grocer's Daughter to Prime Minister*, p. 3.

95. *Ibid.*, p. 4.

mundo. Siempre insistió en que la mejor lección que su padre le dejó fue la de seguir sus propias convicciones: «Nunca hagas cosas solo porque otras personas las hacen». Cuando iba a los bailes, le decía: «Llega a tus propias conclusiones y persuade a la gente para que siga tu camino». Fue el trabajo incansable de su padre Alfred en la comunidad el que la motivaría a seguir su camino en el servicio público, y el fuerte sentido moral que su padre le legó fue lo que la diferenció de las políticas contemporáneas.

Estudió en Oxford en los años cuarenta en un ambiente predominantemente masculino donde pasó desapercibida. En Oxford, no encontró retos racionales, sino que más bien se topó con la arrogante superioridad de Winston Churchill, que era uno de sus héroes.

Se casó con Dennis Thatcher, con quien compartía la pasión por la política y que, según su propio esposo, pronto se dio cuenta de que se había casado con una adicta al trabajo, que se acostaba mucho más tarde y se levantaba mucho más temprano que él. Tuvieron gemelos, y mientras era primera ministra les daba el pecho a pesar de que dormía, en promedio, cuatro horas cada noche. ¡Vaya ejemplo para las mujeres que buscan no comprometer a su familia con trabajo! Ninguna mujer llega a la cima yendo a pícnics de familia o cocinando *roast beef* para los almuerzos del domingo.

Nunca esperó concesiones por parte de los hombres por ser mujer. Mantuvo una elevada reverencia por el *Rule of Law*, el Estado de derecho, como el pilar fundacional de la libertad en Inglaterra.

Ella misma decía que las amas de casa eran quienes mejor la podían comprender, ya que al igual que el presupuesto del hogar, un ama de casa sabe que si no tiene suficiente dinero y debe recurrir a endeudarse, debe hacerlo con responsabilidad para no permanecer endeudada para siempre. Con el presupuesto de Inglaterra ocurría igual.

Inglaterra estaba excesivamente gobernada y fiscalizada, pero carecía de defensa y políticas públicas. Eso no llevaba a la nación a poder prosperar.

No existe el consenso, existe hacer lo correcto

A diferencia de la mayoría de los conservadores que durante años buscaron consensos con los socialistas, para Thatcher, los consensos eran inútiles. Lo importante era hacer lo correcto. Para ella, el consenso era apenas un intento de satisfacer a las masas sin tener una postura definida respecto a algo. Eran mucho más importantes la filosofía y una serie de políticas públicas correctas y que atraigan a las personas por sus buenos resultados, por convicción.

«Ningún gran partido puede sobrevivir si no es basado en la creencia firme de lo que quiere hacer. No basta con tener un apoyo reacio. Necesitamos también el entusiasmo de la gente», dijo.[96]

Y por hacer lo correcto en lugar de aceptar el consenso con los socialistas, los propios conservadores la abandonaron en su ejercicio del poder. Fue una traición con una sonrisa. Quizá eso fue lo peor de todo, declaró en una entrevista que le realizó la BBC en 1993. Mientras los conservadores deseaban que la influencia de la televisión desapareciera, Margaret tenía la curiosidad de aprender cómo sacarle partido.[97]

La fuerza que transformó la política en Inglaterra en los veinte años posteriores a 1960 fue su convicción de que la política era un escenario de conflicto entre dos filosofías fundamentalmente opuestas, y su despiadada visión de un partido que necesitaba una mayoría suficiente. No un consenso inclusivo para llevar a cabo su programa, sino creyendo firmemente que el comunismo era contrario a la propia naturaleza humana.

Grandes lecciones tiene Thatcher para las feministas, que rara vez la mencionan, ya que ser mujer, pero no feminista de la tercera ola ni marxista, no te hace digna de respeto ni de admiración, aunque te hayas convertido en la primera mujer en ser

96. Thatcher, Margaret, «What's Wrong with Politics?», Conservative Political Centre, 1968.

97. Cockerell, Michael, *Live From Number Ten: The Inside Stories of Prime Ministers and Television* (Faber, 1988), p. 213.

primer ministro en tu país. Pero Thatcher utilizó de manera magistral su femineidad a su favor, sin jamás hacer uso del discurso de victimización feminista tan común hoy en día.

En mi experiencia, las mujeres tomamos decisiones mucho más difíciles que los hombres. Ellos valoran más su ego y ser aceptados. Nosotras, por estar acostumbradas a no ser tan aceptadas cuando somos decididas, no tememos tomar el rumbo arriesgado cuando sabemos que es lo correcto.

En la serie documental de la BBC *The Downing Street Years* se recopila en cuatro capítulos la historia de Margaret Thatcher en sus once años de gobierno, con entrevistas tanto a sus acérrimos detractores como a sus más leales colaboradores. En la biografía escrita por John Campbell, *The Iron Lady*, se exponen también sus pensamientos y acciones con mayor detalle.

Estas obras han servido de fuente para redactar estas líneas y poder concluir que, considerando su época, por su enfrentamiento constante con los miembros conservadores de su propio partido, y por sus actitudes más propensas al cambio que a la tradición, Margaret Thatcher tuvo mucho de liberal. Su gobierno, de hecho, no tuvo nada de conservador. Ella se atrevió a hacer los cambios radicales que durante años los conservadores no se atrevieron siquiera a proponer cuando gobernaban los socialistas. De hecho, en repetidas ocasiones, decidió que, para no gobernar como ella consideraba correcto, prefería renunciar.

El famoso documental *The Commanding Heights* explica la influencia que *Camino de servidumbre*, de Friedrich Hayek, tuvo en Margaret Thatcher. En 1944 lo leyó mientas estudiaba en Oxford, al igual que el ensayo «¿Quién es el pueblo?» del periodista antisocialista Colm Brogan. A partir de esta influencia acuñó la frase: «Solo hay dos maneras en las que se puede decidir vivir, una que lleva a la esclavitud y otra a la libertad». Era evidente que Thatcher había leído también *Los fundamentos de la libertad* de Hayek: en un seminario de The Centre for Policy Studies sacó de su bolso un ejemplar del libro y, poniéndolo en la mesa, dijo: «Esto es en lo que creemos». También influyó en sus decisiones el Institute of Economic Affairs, dirigido por Arthur Seldon y Ralph Harris.

Fue brillante al demostrar la ineficiencia de los recursos en manos del Estado y demostrar que eso era destructivo para la libertad individual. Esto es algo con lo que muchos conservadores no están de acuerdo. Ya entre sus filas se sostiene la necesidad de tener un Estado benefactor que se encargue de la salud y la educación, así como que varios sectores de la economía considerados «estratégicos para la nación» deban estar protegidos de la competencia extranjera.

«¿Quién es mejor enfermera? ¿La que te dice con simpatía: "No te preocupes querido, solo quédate ahí y te traeré todas tus comidas y te cuidaré", o la que te dice: "Es hora de que pongas tus pies sobre la tierra y des unos primeros pasos para volver a caminar"? Yo soy esa segunda enfermera», dijo en una ocasión.[98]

Su llegada al poder fue posible también porque se benefició de la necesidad que había dentro del partido *tory* de cambiar radicalmente la dirección complaciente que en años anteriores los conservadores habían tenido con los socialistas. La revolución en el pensamiento de los *tories* se reflejó en un interés renovado en las ideas del libre mercado propagadas durante años por el Institute of Economic Affairs.

«Los conservadores escogen la belleza»; «La rubia bonita de los conservadores recibió una ovación de pie por advertir sobre el camino a la ruina». Estos eran algunos de los titulares, que contrastaban con sus declaraciones: «No voy a seguir como primera ministra a menos que pueda seguir avanzando en las políticas públicas que considero correctas. Eso es lo que yo vine a hacer».

Los oficiales no sabían como tratar a una mujer tan determinada que no jugaba según las reglas burocráticas ni aceptaba la sabiduría que era únicamente fruto de la experiencia en los departamentos de Estado. En 1960, nadie imaginaba que una mujer podría llegar a ser primer ministro, pero le ayudó su astucia al saber aprovechar oportunidades y jugar fuera de las reglas.

---

98. «Was Margaret Thatcher a Libertarian Hero?», programa de Tom Wood. Disponible en <https://misesuk.org/2016/10/12/was-margaret-thatcher-a-libertarian-hero/>.

Se quejaban de ella por ser demasiado dura con sus ministros. Para ella, el supuesto drama que todos esperaban que ella trajera por ser mujer al final lo traían los hombres: «Yo me pasaba horas analizando los datos y los hechos. Si a la hora de las reuniones ellos no los conocían, era mi deber señalárselos».

Durante todo su gobierno, no solo tuvo como oposición a socialistas incompetentes, también a los propios conservadores, que la veían como radical e intransigente. Al final, fueron los conservadores quienes la abandonaron.

Margaret Thatcher, los gays y el aborto

Es una lástima que los izquierdistas no lean historias de la vida de los suyos y de quienes no son los suyos. Da mucha pena ver la cara del Che Guevara en muchas manifestaciones y desfiles LGBTQ cuando él mismo fusiló homosexuales en el cuartel de La Cabaña[99] y, en cambio, nunca se vea la cara de Margaret Thatcher, que votó por la despenalización de la homosexualidad entre adultos y también a favor de la ley de David Steel para legalizar el aborto.

Durante su mandato, uno de sus grandes críticos fue el arzobispo de Canterbury, que veía con preocupación su falta de compromiso con grupos que podían verse afectados a corto plazo por sus decisiones. Como primera ministra, trataba a los abogados como una banda de conspiradores de quienes había que proteger la legitimidad de las leyes para preservar el Estado de derecho.

Desgraciadamente, en América Latina las acciones de Thatcher y muchas de sus lecciones nunca llegan a oídos de las mujeres de la región. A causa de la guerra de las Malvinas con Argentina, lo único de lo que se habla y discute por estos rumbos si sale Margaret Thatcher a colación es su falta de humanidad al emprender una guerra. Una guerra que, dicho sea, fue la excusa del momento para el dictador militar Leopoldo Fortunato Galtieri, que usando la estrategia maquiavélica de buscar un enemigo externo, pudo mitigar la atención que los argentinos debieron poner en la crisis

---

99. Díaz Villanueva, Fernando, *Vida y mentira de Ernesto Che Guevara.*

económica interna creada por las pésimas políticas peronistas que estaban llevando el país a la crisis.

Claro, cuando internamente no se quieren resolver las cosas, lo mejor es unificar a la población en un odio común contra alguien externo para distraer la atención. Una forma de pan y circo bastante populista y desgraciadamente bastante eficaz. Por esta razón, poco se estudian y conocen las otras decenas de acciones que Thatcher llevó a cabo a lo largo de su gobierno, y que bien podrían servir para forjar carácter entre las líderes políticas y, en general, para cualquier jovencita que esté buscando romper con los típicos paradigmas de lo que una mujer puede o no hacer en su sociedad.

Se enfrentó a un ataque terrorista, a constantes huelgas de sindicatos, a críticas de la prensa, de los socialistas y de sus propios «aliados» conservadores, que pretendían infundirle miedo por su radical forma de actuar. Cosas que los presidentes de mi país, Guatemala, no tienen valor de hacer. Cuando el corrupto sindicalista Joviel Acevedo, que lleva cooptando el Sindicato de Educación de Guatemala durante más de veinte años, amenaza con sacar a las calles a más de doscientos mil profesores y paralizar el tráfico y la economía nacional hasta obtener los aumentos de subsidios que él busca, todos los presidentes hombres que han pasado por el gobierno de Guatemala han cedido ante sus extorsiones. Esto es algo que Thatcher jamás hizo. Ni con las huelgas de los mineros, ni con las protestas contra las privatizaciones. A ella no le interesaba ser popular. A ella siempre le interesó ser respetada.

El derecho del ser humano a trabajar en lo que desea, a gastar lo que gana, a poseer propiedad privada, a tener al Estado como su servidor y no como su patrón: esa es la correcta herencia británica. Esa es la esencia de un país libre. Y de esa libertad dependen las demás libertades. Nadie, gracias al cielo, es como alguien más, por más que los socialistas quieran pretender lo contrario. Creemos que todos tienen el derecho a ser desiguales. Pero, para nosotros, cada ser humano es igualmente importante. A cada cual debe permitírsele desarrollar las habilidades que sabe que posee en la manera en que así lo decida.

Cuando asistió a su primera cena con el sindicato de profesores tras su nombramiento como ministra de Educación, se molestó bastante al ver que sus oficiales superiores se sentían muy próximos a los líderes del sindicato. Particularmente, le disgustaba la presunción de que sus ideas eran poco realistas y que su única función como ministra era conseguir el dinero para continuar con las políticas ya predeterminadas. Con razón, no toleraba la mafia de la educación. Ella valoraba a los buenos maestros: lo que no toleraba era a los sindicatos, a quienes culpaba de proteger a los pésimos maestros además de imponer una agenda izquierdista y ortodoxa que les enseñaba a los niños a ser unos resentidos sociales con complejos de víctima. Igual que pasa en América Latina. Incluso cuando se enfrentó al Sindicato de Mineros y los acusó de marxistas, también acusó al gobierno por apoyar a esa mafia en lugar de buscar otras fuentes de energía.

Su determinación fue clave para frenar el declive de Inglaterra al reavivar las virtudes de la libertad, la libre empresa, la oportunidad individual y la autonomía. Fue muy cuidadosa en presentar sus políticas usando el sentido común: la moderación contrastada con el extremismo socialista. La riqueza primero debe ser creada antes de ser distribuida; el país no puede consumir más de lo que produce y los impuestos deben disminuirse para incrementar los incentivos.

La esquizofrenia del centro

«La Dama de Hierro» pretendió ser un insulto de los soviéticos que ella aprovechó en su ventaja y lo convirtió en virtud. El centro como síntesis ideológica de «lo bueno de la izquierda y lo bueno de la derecha» tiende inevitablemente a la esquizofrenia. Es un patrón recurrente que, cuando un partido adopta las políticas de su opositor, la gente tiende a irse con el partido que originalmente cree en esas políticas. Si quieres un partido conservador, debes tener un gobierno conservador. No un gobierno medio socialista disfrazado de conservador.

Esa necedad de los políticos latinoamericanos de hablar del «centro» para no definir posturas concretas ante nuestras problemáticas podría ser fácilmente castigada por los votantes en las urnas si prestaran atención a lo que Thatcher logró precisamente por alejarse de la mediocridad que supone declararse en el centro.

Yo misma denuncié la inutilidad de hacer alianzas que parecen de centro cuando el Partido de Acción Nacional (PAN) me invitó a dar una charla en su evento anual. Allí denuncié la hipocresía del partido por aliarse con un partido miembro del Foro de São Paulo para competir contra Andrés Manuel López Obrador, cuyo partido, Morena, también pertenece al Foro de São Paulo. Dije:

> Señores del PAN: el Partido de la Revolución Democrática (PRD) también es miembro del Foro de São Paulo desde que López Obrador estaba en el PRD. Yo, en su lugar, no sé qué haría. Porque un partido que es miembro del foro de São Paulo, lo que le está diciendo al mundo es: «El socialismo del siglo XXI es la vía. La dictadura venezolana es lo que hay que emular». Un partido que hoy por hoy es miembro de este foro está dándole aplausos y espaldarazos al genocidio que está ocurriendo en Venezuela. Y si ustedes salen a decir: «Morena es miembro del Foro de São Paulo, ¿qué van a hacer cuando les contesten: "Y el PRD también?"». Si uno no comprende la magnitud de cómo está esta gente organizada, no la van a poder combatir.[100]

Como describió Maurice Duverger: «Todo centro está dividido contra sí mismo al permanecer dividido en dos mitades: centroizquierda y centroderecha. El destino del centro es ser separado sacudido, aniquilado; sacudido cuando vota en bloque, bien por la derecha bien por la izquierda; aniquilado cuando se abstiene». El centro es un mero lugar geográfico donde coinciden los moderados de la izquierda y de la derecha y está condenado a un permanente desgarro interno, como sucedió con la Mesa de Unidad Democrática en Venezuela.

---

100. La conferencia está disponible en <https://www.facebook.com/Gloria Alvarez/videos/2008129745869839/>.

El centro está incapacitado para desarrollar un proyecto coherente. Como demuestra el politólogo Giovanni Sartori, el centro está constituido básicamente por retroacciones, lo que conduce a los partidos en este espacio a ser organismos pasivos con tendencia al inmovilismo. Todos los proyectos centristas son prisioneros del componente ideológico que predomina en el consenso social existente en un momento determinado.

Por estas razones, así como en mi libro *Cómo hablar con un izquierdista*, desmitifiqué la figura de Ernesto Che Guevara: un asesino, sociópata, homófobo que sin embargo continúa siendo el estandarte de derechos humanos para millones de personas en el mundo, en esta ocasión pretendo reivindicar a Margaret Thatcher por sus características liberales que van mucho más allá de las típicas posturas conservadoras que, por miedo a enfrentarse directamente contra el socialismo, terminan siendo vencidas por él.

Bibliografía

ÁLVAREZ, GLORIA, *Cómo hablar con un izquierdista: por qué en lugar de hacerla desaparecer, la socialdemocracia incrementa la pobreza* (Ariel, México, 2017).

—, y AXEL KAISER, *El engaño populista: por qué se arruinan nuestros países y cómo rescatarlos* (Ariel, México, 2016).

BENDFELDT, JUAN, *Economía y medio ambiente* (Centro de Estudios Económicos y Sociales, Guatemala, 1991).

—, *Ecohisteria y sentido común: respuestas del buen sentido y de la ciencia al catastrofismo ambientalista* (Centro de Estudios Económicos y Sociales, Guatemala, 1996).

BENEGAS, JOSÉ, *Lo impensable: el curioso caso de liberales mutando al fascismo* (Autoedición, Buenos Aires, 2018).

BERMAN, HAROLD J., *Law and Revolution: The Foundation of Western Legal Tradition* (Harvard University Press, Cambridge, 1983).

BLANCO, MARÍA, *Afrodita desenmascarada: una defensa del feminismo liberal* (Deusto, Barcelona, 2017).

BOAZ, DAVID, *The Libertarian Mind. A manifesto for Freedom* (Simon & Schuster, Nueva York, 1997).

BROOKS, DAVID L., *From Magna Carta to the Constitution: Documents in the Struggle for Liberty* (Fox & Wilkes, San Francisco, 1993).

Burke, Edmund, *Reflexiones sobre la Revolución francesa* (Fondo de Cultura Económica, México, 1984).

Cato, Institute, «Índice de Libertad Humana Mundial 2017», Washington. Obtenido de <https://www.elcato.org/indice-de-libertad-humana-2017>.

Dotto, Jorge, *Genética: cómo puede cambiar nuestras vidas* (Paidós, Buenos Aires, 2014).

Easterly, William, The White Man's Burden: Why the West's Efforts to Aid the Rest Have Done so Much Ill and so Little Good (Penguin, Nueva York, 2007). Versión castellana de Francisco J. Ramos, *La carga del hombre blanco: el fracaso de la ayuda al desarrollo* (Debate, Barcelona, 2015).

Fo, Jacopo, Sergio Tomat y Laura Malucelli, *El libro prohibido del cristianismo: un divertido e interesante ensayo sobre los vergonzantes entresijos de la historia oficial del cristianismo* (Robinbook, Barcelona, 2000).

Fraser, Institute, «Índice de Libertad Económica Mundial 2017», Canadá. Obtenido en <https://www.fraserinstitute.org/studies/economic-freedom-of-the-world-2017-annual-report>.

Golombek, Diego y Nora Bär, *Neurociencia para presidentes: todo lo que debe saber un líder sobre cómo funciona el cerebro y así manejar mejor un país, un club, una empresa, un centro de estudiantes o su propia vida* (Siglo XXI, Buenos Aires, 2017).

Hamowy, Ronald, Jason Kuznicki, Aaron Stelman y Deidre MacCloskey, *The Encyclopedia of Libertarianism* (Sage, Thousand Oaks, California, 2008).

Harari, Yuval Noah, Sapiens: A Brief Story of Humankind (Harper Perennial, Nueva York, 2014). Versión castellana de Joandomènec Ros, *Sapiens: de animales a dioses. Una breve historia de la humanidad* (Debate, Barcelona, 2015).

Heritage Foundation, «Índice de Libertad Económica Mundial 2017», Washington. Obtenido en <https://www.heritage.org/international-economies/commentary/2018-index-economic-freedom>.

Hayek, Friedrich, «Por qué no soy conservador», *La Ilustración Liberal*, 2011. Obtenido de <https://www.clublibertad

digital.com/ilustracion-liberal/48/por-que-no-soy-conservador -friedrich-a-hayek.html>.

HICKS, STEPHEN R., *Explaining Post Modernism: Skepticism and Socialism from Rousseau to Foucault* (Ockham's Razor Publishing, Roscoe, Illinois, 2011).

HOPPE, HANS-HERMAN, *From Aristocracy, to Monarchy, to Democracy: A Tale of Moral and Economic Folly and Decay* (Mises Institute, Auburn, Alabama, 2014).

KAISER, AXEL, *El papa y el capitalismo: un diálogo necesario* (El Mercurio, Santiago de Chile, 2017).

MERCADO, SANTOS, *Tiempo de separar educación de Estado* (Asuntos Capitales, Ciudad de México, 2016).

SCARLETT, LYNN y JANE S. SHAW, *Enviromental Progress: What Every Executive Should Know* (Political Economy Research Center, Bozeman, Massachusetts, 1999). Disponible en <http://www.asuntoscapitales.com/documentos/tiempo_ de_separar.pdf>.

MISES, LUDWIG VON, *La mentalidad anticapitalista* (Unidad Editorial, Buenos Aires, 2011).

MOYO, DAMBISA, *Dead Aid: Why Aid is not Working and How There is a Better Way for Africa* (Farrar, Straus & Giroux, Nueva York, 2010). Versión castellana de Estefanía Pipino, *Cuando la ayuda es un problema: hay otro camino para África* (Gota a Gota, Madrid, 2011).

PAINE, THOMAS, *Los derechos del hombre* (Fondo de Cultura Económica, Ciudad de México, 1984).

PALMER, TOM, *Realizing Freedom: Libertarian Theory, History and Practice* (The Cato Institute, Washington, 2009).

—, *Self-Control or State Control? You Decide* (Jameson Books, Ottawa, Illinois, 2016).

PEIKOFF, LEONARD, *Objetivism: The Philosophy of Ayn Rand* (Penguin, Nueva York, 1993).

PINKER, STEVEN, *The Blank Slate: The Modern Denial of Human Nature* (Penguin, Nueva York, 2016).

QUIRÓS, LORENZO BERNALDO DE, *Por una derecha liberal: Un razonamiento acerca de por qué la derecha española debe alejarse del conservadurismo y acercarse al liberalismo si desea ser protagonista de las próximas décadas* (Deusto, Barcelona, 2015).

RAND, AYN, *Capitalism: The Unknown Ideal* (Penguin, Nueva York, 1967).

—, *The Objetivist Ethics* (The Ayn Rand Institute, Virginia, 2016).

RAPAILLE, CLOTAIRE y ANDRÉS ROEMER, *Move Up: Why Some Cultures Advance and Others Don't* (Penguin, Nueva York, 2015).

REED, LAWRENCE, *Are We Good Enough for Liberty?* (Foundation for Economic Education, Atlanta, 2013).

SAGAN, CARL, *Cosmos* (Planeta, Barcelona, 2004).

SALMAN, ALI, *Liberate to Learn: A Study of the Education Voucher Scheme in Lahore* (Alternate Solutions Institute, Lahore, 2009).

SANDEFUR, TIMOTHY, *The Conscience of the Constitution. The Declaration of Independence and the Right to Liberty* (The Cato Institute, Washington, 2014).

SCARLETT, LYNN y JANE S. SHAW, *Enviromental Progress: What Every Executive Should Know* (Political Economy Research Center, Bozeman, Massachusetts, 1999).

STROUP, RICHARD, *Eco-Nomics: What Everyone Should Know about the Economics and the Environment* (The Cato Institute, Washington, 2008).

THOREAU, HENRY DAVID, *Civil Disobedience* (Libertas Institute, Utah, 2014). Versión castellana de María Eugenia Díaz, *Desobediencia civil y otros escritos* (Alianza, Madrid, 2011).

TUCKER, JEFFREY, *Right-Wing Collectivism*: The Other Threat to Liberty (Foundation for Economic Education, Atlanta, 2017).

Índice onomástico